AF367861

MÉMOIRES

DE

LA SOCIÉTÉ DES ANTIQUAIRES

DU CENTRE

1883

TABLE DES DIX PREMIERS VOLUMES

BOURGES

TYPOGRAPHIE PIGELET ET FILS ET TARDY

IMPRIMEURS DE LA SOCIÉTÉ DES ANTIQUAIRES DU CENTRE

—

1883

MÉMOIRES

DE

LA SOCIÉTÉ DES ANTIQUAIRES

DU CENTRE

MÉMOIRES

DE

LA SOCIÉTÉ DES ANTIQUAIRES

DU CENTRE

1883

TABLE DES DIX PREMIERS VOLUMES

BOURGES

TYPOGRAPHIE PIGELET ET FILS ET TARDY

IMPRIMEURS DE LA SOCIÉTÉ DES ANTIQUAIRES DU CENTRE

—

1883

RAPPORT

A LA SOCIÉTÉ DES ANTIQUAIRES DU CENTRE

SUR LA PUBLICATION D'UNE

TABLE GÉNÉRALE DES MATIÈRES

MESSIEURS,

Les *Mémoires de la Société des Antiquaires du Centre* ont pris une telle extension que les tables sommaires de leurs dix volumes sont devenues insuffisantes pour assurer la facilité des recherches. La rédaction d'un index général s'imposait donc à notre attention ; c'est une œuvre que nous avons résolu d'entreprendre, malgré son aridité d'ailleurs heureusement vaincue. En effet, plusieurs de nos collègues offrirent spontanément leur concours, et se réunirent en commission pour discuter ce projet sous toutes ses faces.

Tout d'abord on écarta la pensée de donner à cette table une forme analytique, car l'ensemble de nos publications se compose de mémoires d'une médiocre étendue, dont les titres raisonnés donnent déjà des indications précises sur

les sujets qui s'y trouvent traités. Il a paru plus simple de reproduire seulement ces titres divers et d'y joindre la série détaillée des noms de lieux et des noms propres, suivis de tous les prénoms. On arrêta de plus une liste de rubriques suffisamment étendue pour créer des points de contact susceptibles de faciliter toutes les investigations. C'est ainsi que sous les mots : BRONZE, FER, PIERRE on trouvera l'indice des armes, outils, objets divers, dont nos collègues ont signalé l'existence. L'épigraphie est relevée en entier sous la mention : INSCRIPTIONS *romaines, du moyen-âge* ou *modernes ;* la numismatique, sous celle de : MONNAIES *gauloises, romaines, royales françaises, seigneuriales, étrangères, jetons.* Ainsi en est-il encore de la céramique, des sculptures, des ruines romaines, etc., etc.

Enfin la découverte d'une sépulture, par exemple, peut se trouver à la fois signalée dans les mots : SÉPULTURES *gauloises* ou *romaines, céramique, armes, tumulus* et autres, suivant le cas.

Ce fut dans ces conditions que MM. Dubois, de Kersers, Albert des Méloizes, Pierre de Goy, Abicot de Ragis et Ponroy consentirent à dresser chacun la table de l'un de nos volumes, et que votre Secrétaire eut à terminer le reste du travail et à classer toutes les fiches suivant leur ordre alphabétique. Les explications échangées à l'avance avaient été si complètes, que dans cette œuvre, où l'uniformité était essentielle à observer, on retrouverait difficilement la trace de collaborations diverses. C'est la preuve que la voie suivie a été rigoureusement pratique, et que la table, telle qu'elle est, rendra les plus utiles services.

Ce travail accompli en commun témoignera une fois de plus de l'union parfaite qui règne au milieu de nous ; sa publication démontrera que la Société des Antiquaires du

Centre ne néglige rien pour donner à ses *Mémoires* tout leur intérêt et qu'elle tient à ne pas déchoir de la notoriété qui lui est acquise et lui a valu de hautes récompenses.

Bourges, le 7 avril 1883.

Le Secrétaire,

G. VALLOIS.

TABLE GÉNÉRALE

DES MATIÈRES CONTENUES

DANS LES DIX PREMIERS VOLUMES

A

Abbeville, I, 138.

Abd-el-Rahman, X, 113, 116.

Abicot de Ragis (Albert), IX, ix, 79 à 82 ; X, viii, 285.

Ablys, III, 211, 213.

Achères, III, 161.

Acitodunum (Ahun), VII, 26.

Acon, IX, 285 ; X, 289.

Acre, X, 91 et s.

Adelard Guillebault, IX, 140, 141, 144, 151, 170.

Adèle de Sancerre, IX, 137.

Aduatuca, VI, 26.

Adumenus, IV, 148.

Advielle (Victor), I, 2.

Advitinius, IV, 25, 137.

Æmilius Afer, IV, 24, 134.

Aetio, IV, 23, 132.

Agard, I, 135, 158 ; III, 75, 77, 83, 275 ; VI, 175 ; IX, xiii, 191, 223, 230, 258, 264, 267 ; — Clément, III, 204 ; — Jean, III, 204 ; — Louis, II, 93 ; — Marie, III, 210, 213 ; V, 123, 134, 147 ; — de Champ, V, 119 ; — de Maupas, IX, 222, 289 ; — de Morogues, I, 202 ; IX, 208, 222, 226, 267, 289 ; — des Rosiers, I, 156 ; V, 148 ; VI, 252, 255 ; VIII, 255 ; IX, 217, 220, 226, 230 ; — des Tureaux, IX, 205, 271, 273.

Agen, I, 217.

Agendicum, VI, 25 à 27.

Ages (Bonaventure des), VII, 207 ; — Joseph, VII, 207 ; — Marie, VII, 207.

Agileius, IV, 107.

Agnès des Aix, VII, 47, 49 ; IX, 141, 144, 148, 172.

Agnès Sorel, II, 5, 7.

Agougné, VIII, 157, 158.

Agonville, VII, 155.

Aguesseau (d'), V, 253.

Ahun, VII, 26 ; IX, 133, 167, 168 ; X, 114.

Aides royales et impositions mu-

nicipales à Bourges, par M. E. Toubeau de Maisonneuve, VI, III, 129 à 281.

Aigurande, VII, 151 ; X, 106.

Aillault, VI, 195.

Aimon de Bourbon (Archevêque de Bourges), VIII, 88, 92.

Ainay-le-Vieil, V, 29, 33 ; VII, 26 ; VIII, 364.

Aix, VI, 133.

Aix-d'Angillon (Les), I, 238, 240, 269 ; II, v, 66, 252 ; III, 117 ; V, 28, 33 ; VI, 195 ; VII, 47, 49, 78, 87, 94 ; VIII, 303.

Aix-la-Chapelle, III, 96, 100.

Alabat, III, 75, 77, 82, 83, 275 ; VI, 174, 219 ; — Claude-Madeleine, III, 250, 262 ; — Louis, III, 250 ; IX, 262 ; — de la Roize, Philbert, VIII, 268 ; — de Vignery, IX, 194, 196, 209, 221, 230, 262.

Alabonne (Marie), IX, 267.

Alaire, III, 15.

Alard, IX, 141.

Albert, II, 119.

Albret (d'), V, 237 ; VII, 3. — Arnaud-Amanjeu, VII, 91, 97, 98, 99 ; — Catherine, VII, 93 ; — Charles, VII, 90, 91, 92, 93, 94 ; — Charles II, VII, 94, 95, 96, 97, 99, 191 ; — Charlotte, VII, 101, 105, 106 ; — Françoise, VII, 99, 105 ; — Gabriel, VII, 99, 100 ; — Guillaume, VII, 95 ; — Hélène, VII, 101 ; — Jean, VII, 73, 95, 97, 99, 100, 101, 102, 103, 105, 106, 107, 172, 173 ; — Jeanne, VII, 95 ; — Marie, VII, 101, 105, 106, 115.

Alciat, I, 166 ; II, VII, XI ; VII, 9.

Alençon, V, 121.

Alençon (Françoise d'), VII, 116.

Alençon (François de France duc d'), III, 187, 189.

Alep, III, 183.

Alerta (Ardentes), VII, 10 ; X, x.

Alesia, IV, 46, 175.

Alesso, III, 268.

Aleth, IX, 233, 278.

Alexandre V, pape, I, 106.

Alexandre VII, pape, VIII, 137.

Aligre (d'), I, 140, 141, 147, 149, 150, 153.

Alise, III, 10 et suiv.

Alix (Thérèse Delphine), II, 220.

Allard (Philippe), VIII, 182.

Alléan, I, 15, 29 à 32 ; II, VII, 30 ; IV, 116, 151, 157 ; VI, 19.

Alleaume, IV, 268, 301 ; —Claude, V, 167 ; VIII, 170.

Allichamps, I, 56 ; II, 30, 43 ; IV, 116, 122, 124, 127, 162, 167 ; VI, III, IV, VII, XII, 283 à 328 ; VII, 18, 19, 21, 23, 25, 26.

Allier (l') rivière, I, 173.

Allogny, III, 145, 215, 245, 246, 248 ; V, x, 159 ; VI, 1, 30, 33 et s., 66, 69, 70, 81, 84, 86, 87.

Allongny (Louis de Rochefort d'), VIII, 151 ; 193.

Alosioco, IV, 157.

Allouy ou Allouis, III, 211 ; V, 124, 133, 178 ; VI, 82 ; IX, 219, 230, 252, 255, 275, 279, 285.

Allonville (d'), I, 36.

Almont (d'), VI, iv.

Alsace, V, 7.

Aluena, IV, 142.

Aluenus, IV, 27.

Alvimare (d'), II, 306.

Ambigat, VII, 6.

Amboise, IX, 106, 112, 116.

Amboise (Denise d'), VII, 61, 62 ; — Louis, évêque d'Alby, IX, 114, 115 ; — Sulpice II, VII, 62.

Ambrault, V, 78.

Amédée VIII, de Savoie, II, 283.

Amiens, VII, 249, 251, 253, 255, 260 ; VIII, 214.

Amignon, IV, 321 ; — Catherine, III, 235 ; — du Chaumoy, Hugues, VIII, 269 ; — Marie, V, 165, 185.

Amiot (Guillaume), VIII, 191.

Amulettes romaines, X, 40, 60.

Anciens vitraux dans l'église de Saint-Georges - de - Poysieux , (Cher), par Albert des Méloizes, VII, 273 à 281.

André, chapelain d'Orsan, IX, 146.

Angennes (Madeleine d'), VIII, 131.

Angers, I, 137, 138, 155 ; II, 284 ; IX, 145, 195.

Anglars (Joseph d'), des Moulins-Blancs, VIII, 291.

Angoulème, I, 137, 138, 155 ; VI, 265, 272 ; IX, 139, 142, 308.

Angran, (Louis-Alexandre-André), IX, 310.

Anjorrant, II, 194 ; III, 75, 76, 77, 275 ; IX, 246, 270, 278 ; — Bazile, Claude, Henri, IX, 303 et s. ; — Claude-Charles, III, 230 ; — Françoise, IX, 232 ; — Françoise-Reine, III, 230 ; — Hélène, V, 131 ; — de la Croix, IX, 245, 277, 280 ; — de la Croix, du Solier, de Chantilly, de Veaulgues, d'Esgny, des Porteaux, IV, 276, 295, 296, 301 ; — du Coupoy, IX, 216.

Anjou (Charles d'), VII, 75.

Anjouin, VIII, 149, 150.

Anne d'Autriche, VI, 178, 186.

Anne de Beaujeu, IX, 105 à 108.

Anne de Bretagne, IX, 105 à 128.

Annonciade, III, 192, 194, 268 ; IV, 257, 269 ; VII, 239.

Annorde ou Ennordre (la motte d', VIII, 155.

Annorier, VI, 195.

Anville (d'), IV, 124 ; VII, 6.

Antiquités romaines du Berry, par Ferrand de Saligny, III, 37.

Aplaincour (Sara d'), VIII, 189.

Apollon, X, 117 et s.

Apremont, IV, 342 ; V, 234.

Aquaviva (cardinal-légat), III, 305.

Aqueducs romains, I, 45, 46, 68 ; IV, viii, 44 ; VI, 290 ; VII, xi ; X, ix, 34, 290.

Aquitaine, VIII, 84, 85, 89.

Aquitaine (duc d'), II, 272.

Aramon (d'), III, 183.

Arçay, I, 212, 289 ; V, 175.

Archambault, II, 193 ; — des Chaumes, Jean-Baptiste-Thomas d'Aquin, III, 229 ; — de Montfort, Claude-Thomas d'Aquin, III, 229.

Archelet, II, 58 ; IV, 160 : VI, xiv, 38, 55 ; X, iv.

Archenaud, VIII, 98.

Archeron (Pierre), VIII, 156.

Architecture militaire et féodale, au xiiᵉ et xiiiᵉ siècles, dans le département du Cher. (Essai sur l', par M. A. de Kersers, VI, ii, 107 à 128 ; VIII, xlix, lxxii.

Architecture religieuse en Berry (Essai sur l'), par M. A. de Kersers, III, iv, 91 : VIII, lxix.

Archives du Cher, I, 95.

Ardelou, VIII, 155.

Ardennais, VI, xii.

Ardentes, VI, viii ; VII, 10 : X, x, 92.

Ardoine, IX, 249.

Aréchault (Pierre), VIII, 184.

Arènes, V, vi.

Arènes de Bourges, VII, iv ; IX, 183.

Arescinus, IV, 155.

Argence (d'), Armand-Henry Louis, V, 239 ; — de Saint-Pierre-du-Mont, VIII, 292 ; — Léonie, V, 240 ; — Marie, V, 239 ; — Marthe-Aspasie, V, 239 ; — Sylvain-Henry, V, 239.

Argent-sur-Sauldre, II, 339 ; V, 23, 29, 35 ; VI, 71 ; VII, 94 ; IX, 320.

Argent (d'), VI, 194.

Argentan, VII, 152.

Argenton, I, 251 ; II, 329, 337 ; III, 39 ; IV, 124 ; VI, xi à xiii, 36, 53, 289 : VII, 10, 14, 16, 31, 34 ; VIII, 28, 33 ; X, 114, 116.

Argenvières, I, 54 ; II, 57.

Argouges (Charlotte d'), VIII, 159.

Arianisme, X, 244.

Armagnac (Anne d'), VII, 95 ; — le connétable, II, 276.

Armoiries, VII, 63, 123, 126, 137, 138, 145, 191, 192, 195, 200, 201, 207 ; VIII, 118, 143.

Armolle, VII, 25.

Armorial des alliances de la famille de Bengy, V, 285, 312 : — Gassot, III, 275 ; — Hodeau, VIII, 315 à 324 : — Tullier, IV, 301 à 317.

Armorial de Menetou-sur-Cher et seigneuries voisines, VIII, 195 à 203.

Arnaise, II, 30 ; IV, 158.

Arnault-Gonthier, IV, 288.

Arnon, I, 26, 36, 56 ; II, 221.

Arnoul de Vierzon, IX, 132.

Arnoul (Paul), V. 138.

Arnoulx (Martin-Gilbert), IV, 322.

Arnout, II, 96, 114, 122, 138.

Aronville, VII, 88.

Arpajon (Louis d'), VIII. 151.

Arquian (d'), VII, 128.

Arras, I, 112, 121 : II, 270.

Arras (Jehan d'), VII, 139.

Ars, VIII, 126.

Arthur de Bretagne, comte de Richemont, II, 283.

Artuys ou d'Arthuys, X, 132, 232.

Ascon, III, 238.

Asnières. III, 90 ; V. 188 ; VI, 38, 47, 48, 54, 55, 64 : VIII, 2 ; IX, 10 : X, 279.

Asselin, II, 170, 181, 186.

Assemblée provinciale, VIII, 347, 348.

Assy, V, 236.

Atilly, III, 243 : VIII, 267, 289, 291 ; IX. 250, 254, 262, 274, 284.

Aubépine (Charles de l'). II, 219.

Aubernac, IX, 8.

Aubert (Antoine), VIII, 148, 167.

Aubigné (d'), IX, 200, 204, 254.

Aubigny-sur-Loire, VI, 121.

Aubigny-sur-Nère, I, VI, 332 ; III, 142 ; V, 25, 28, 29, 33, 33, 35 ; VI, 71. 112, 195 ; VIII. 227 ; IX, 79.

Aubigny (seigneurs d'). VII. 89.

Aubilly, IX, 237, 250. 258.

Aubin (Louis), VIII, 184.

Aubonne, V, 179.

Aubourg (d'), IV, 292 ; — Louise, IX. 197, 206.

Aubraye (l'), VIII. 152.

Aubrette (l'), VIII, 175.

Aubreuil (Claude), VIII, 150.

Aubry de Sully, VIII, 98.

Aubusson, IX, 102, 246.

Aucapitaine, VII, 207.

Auch, IX, 130.

Auchère (François), VI, 246.

Auclerc, IV, 16 : IX, 237, 238.

Audebert, archevêque, IX, 129, 135, 137.

Audinet (Jacques). VIII, 181.

Audoulx, X, 132, 232, 233 ; — André, X, 148.

Angorands (les), V, 204.

Auger, I, 288 : III, 75, 76, 79 ; IV, 290 ; IX, 248.

Augier, I, 293 : II, 85, 87, 99, 178, 188 ; III, 76, 77 ; IX, 212, 213, 223 : — Gilles, I, 238, 240, 249, 259 ; — Jacques-Bernard, I, 180.

Augustins de Bourges, I, 208 : IX. 230, 289.

Augustus, III, VI.

Augy, IX, 147.

Aulgy, VIII, 152.

Aumerle, I, XII, XIII ; II, IV.

Aupart (Coralie). III, 234.

Aupépin, IX, 228. 234.

Aupic, III, 76 ; IX, 270, 279, 281, 284 ; — Etienne. V, 193 ; — François-Joseph. V, 193 ; —

Jeanne, V, 193, 248 ; — Marie, V, 248 ; — Madeleine, V, 198 ; — Sylvain, V, 248.

Auquier (Sylvain), VIII, 148.

Aurignac (grotte d'), III, 2.

Auron, I, 3 à 12, 18, 41, 62, 65, 69, 114, 163, 331 ; VI, 21, 47.

Auron (d'), V, 161.

Aurouer, IX, 322.

Auseray, V, 236.

Austrégésile, VI, 137, 138.

Authon ou Othon, en Beauce, III, 237 ; V, 173; IX, 222, 226, 231, 284.

Autun, III, 39 ; VII, 32 ; IX, 157 ; X, 113.

Auxerre, I, 118 ; V, 5 ; VI, 194.

Avaricum, I, iv, ix, 1 à 12, 15, 18, 22, 41, 45, 49, 284, 329 ; II, 43 ; III, 7, 39 ; IV, 124, 127, 131, 136 ; V, xiii, 16 : VI, 19 à 23, 25, 26, 28, 30, 40, 44, 47, 66 ; VII, 11 ; VIII, iii ; X, iv.

Avaugour (Guillaume d'), II, 281.

Aventures d'André Ier de Chauvigny, tapisserie du xve siècle, par G. Vallois, IX, 83 à 104.

Avignon, I, 92, 93, 97, 98.

Avignon (le sieur d'), III, 269, 305.

Avor, I, 2 à 12, 15, 39, 57; III, 99 ; V, 179.

Avilliers, V, 234.

Aymon II, Vaire-Vache, VII, 51.

Azincourt, VII, 94.

B

Babou, III, 77.

Bacouët (ou Bascouet), III, 215.

Badarpus (ou Badardus), IV, 28, 164 ; V, 95.

Badessac (Simon), VIII, 147.

Badin, I, 184 ; III, 84 ; — Catherine, I, 220, 223.

Bafarderie (la), II, 29.

Bagnat de Presle (Suzanne), V, 132.

Bagneux, I, 15, 37 ; X, 112.

Baguenault (Jean) V, 247 ; — Guillaume, V, 245 : — de Viéville, Marie, V, 247 ; — Gabriel-Joseph, V, 247.

Baille, II, 90.

Bailliage de Bourges, IX, 193, 200, 207, 211, 216, 224, 228, 262 ; X, 130.

Bailly, IX, 267.

Ballard, I, 198.

Baillet, I, 191, 192, 203.

Bailleul (de), IX, 243.

Balbus, V, 95.

Baltazard, VIII, 229.

Ban et arrière-ban, IX, 193, 194, 195, 201, 202, 207, 208, 216, 224, 228, 232.

Ban (Françoise du), VIII, 268.

Bans de la noblesse berrichonne au XVIIe siècle, VI, v.

Bans (de) d'Hollebeke (Marie), V, 133; — Victor, V, 133.

Bannegon, IV, 313; VI, 114.

Bapteresse, X, 124.

Bar (de), I, 198; IV, 243; IX, 273, 285, 286, 289; — de Bonnebuche et de Billeron, IX, 253.

Barangeon (le), VI, 50, 69, 70, 72, 73, 75, 79.

Baraton, II, 91; III, 76; IV, 236; IX, 234, 265, 274, 287; — Antoine, V, 185; — Pierrette, III, 179; — de Dame, VIII, 336, 245; IX, 195, 228, 234.

Barbadault, VI, 194.

Barbadeau de Chastre, IV, 290.

Barbançois (de), VI, 311.

Barbançon (de), V, 235; VIII, 346; IX, 271; — Vallerant, de Lassay, VIII, 160.

Barbarin, II, 145, 171; —Gabrielle, IX, 151.

Barbe (Guillaume), V, 120; — de Baratton, VII, 198.

Barbellion (Guillaume), VIII, 180.

Barberin, II, 197.

Barberie de Saint-Contest (Marie-Madeleine-Louise de), VII, 154.

Barbier, I, 188; II, 192; — Jean, I, 249.

Bardas, VI, 195.

Bardin (Jean), II, 158.

Bariau, I, IX, 1 à 12.

Bariot, VII, 117.

Barjon, IX, 201, 211, 279, 280; — André, VII, 206; — Antoine, VII, 199; — Claude, VII, 208. — Sébastien, VII, 208.

Barmond, V, 206; IX, 200, 220, 226, 232, 244, 264, 284.

Barny de Romanet, IV, 278, 301.

Baron, I, x, 164, 166; VIII, 158, 192.

Barral (de) préfet, III, 37, 54.

Barranger (Jean), VIII, 145.

Barré, IX, 276; X, 234, 235; de Saint-Venant, Adhémar-Jean-Claude. V, 245; — Julien, V, 245.

Barres (Guillaume des), VII, 88.

Barrin de Rezé, VIII, 218; — Jacques, VI, 186, 187, 191, 195, 220.

Barrois (Anne), V, 129.

Barthélemi (l'abbé), IV, 129; VI, 319.

Barthélemy (Anatole de), IV, 140; VI, 340; VII, 247.

Bas-relief de la Chambre du Trésor, par le président Hiver, II, XI, 1 à 20.

Bas-reliefs gallo-romains de Lacs, X, 117.

Bassoncourt (de, Fanny-Guillaume), V, 131.

Bastille (la), II, 212, 282.

Batailler (Vincent), VIII, 157, 188.

Battereau, IX, 281.

Bauchart, VIII, 148.

Baucheron, III, 76, 77, 82 ; V, 205 ; VI, 194 ; IX, 201, 261 ; — Guillaume, VII, 199, 210, 213 ; — Marie, III, 241 ; — deBoissoudy, Bénigne, III, 233, 275 ; — Marie-Louis-François, III, 233 ; — des Jolivets, Pierre, VII, 210, 213.

Baucheton (Robert), VIII, 146.

Baudat (Pierre), II, 142.

Baudin, II, 118.

Baudon, IV, 70 : — Antoine. VII, 212.

Baudoin, IX, 225. 264 : — Denis, V, 158 ; — Marie-Anne, V, 158 ; — Veuve de Pierre Bengy. III, 247.

Baudoin, comte de Flandre. IX, 84, 86.

Baudreuil ou Bordereul, IV. 289, 301.

Baudry, II. 41.

Baugy, I. 4, 15. 22. 29 à 32 : II. 69 : IV, VI, 116, 151, 244.

Baulin (Marie-Anne), III, 180.

Baume (la). IV, V.

Baumelle (la), II, XI.

Bauvoir, VIII, 219.

Bauzé, VIII. 153.

Bayeux. V. 6.

Bazas. IX, 112.

Bazin, II, 10 : — Jean. VIII. 166 : VIII, 143.

Bazoges (de). de Bois-Maitre. Jean, VIII. 133, 143 : 144.

Beau (Je). X, 109.

Beauchesne, VI, 66.

Beauclerc (de), Anne-Marie-Aglaé, V, 240, 246.

Beaucorps (de) Ferdinand, V, 215 ; — Geoffroy, V, 215 ; — Crequy (Anne-Amélie de), V, 215.

Beaufort (de), V, 235 ; — Élie, V, V, IX ; VI, 97 ; X, 114.

Beaugency, I. 215 ; VI, 83, 86.

Beaujeu, I. 270, 271 : II, 145.

Beaujeu (Blanche de), VII, 77 ; — Humbert, VII, 80 : — Louis, VII. 77 ; — Louis II. VII, 80 ; Louis III, VII, 80 ; — Marguerite, VII, 77, 87.

Beaujouan. II. 192.

Beaulieu, II, 288 : V. 202. 203 ; VII, 73.

Beaumont (de), VIII, 126.

Beaumont-lès-Tours, VIII, 115, 138.

Beaune, IX, 286.

Beaupoil, II. 193.

Beaurepaire (Charles de), II, 300 ; — Eugène, II, I, XVI à XIX, 12, 19, 29 ; III, I : VIII, III, V, IX, XXX à XXXV, XXXIX, LXI.

Beauvais, II, 284 : IX, 141 ; X, 246. 248.

Beauveau (Charles-Juste de), II, 317.

Beauveau (Louis de) de Courçay, Bauzé, de la Brosse de Thénioux. VIII. 135. 153.

Beauviliers (de), VI, 276.

Beauvoir (de), I, 293; II, 221; III, 76, 77, 82, 83, 276; VIII, 128, 335, 352; IX, 227, 249, 276; — Catherine, III, 227; — François, III, 227.

Beauvoir-sur-Arnon, VI, 124.

Becquas, IV, 260.

Bécuau, I, 129 à 158; II, 219; IV, 237; VI, 205, 206, 249; VII, 143; VIII, 222; IX, 215, 246; — Charles, IX, 243, 270; — Claude, IX, 191, 192, 261; — Madeleine, IX, 212, 214, 290; — Marie, III, 223; IX, 253, 286; Pierre, III, 223, 276; IX, 233, 266.

Bedé des Fougerays, IX, 309.

Bedou (Julienne), V, 191.

Beffes, I, 332.

Beffiou (ruisseau), VI, 20.

Beguin (Étiennette), V, 200.

Begoügne, II, 129.

Bélair, VIII, 139.

Beletre, IX, 245.

Bellafaye, VII, 68, 74, 77.

Bellaguet, II, 314.

Bellanger, IX, 503 et s.

Bellefontaine, VI, 218.

Bellemer, III, 237.

Bellenave (de), VIII, 128.

Belleville, VI, 83.

Bellovèse, VII, 6.

Belloy (Charles), V, 128.

Belot de Moulin (Jacques), VIII, 159.

Bénecy, VIII, 94.

Bengy (de), II, 194, 197; III, 76, 77, 78, 276; IV, 275; VI, 180; IX, xiii, 197, 214, 219, 235, 240, 249, 253, 273, 278, 284; — Anatole, VIII, xlv; — Angèle, III, 264; V, 253; — Anne, V, 157, 169; — Antoine, III, 235; — V, 120, 137, 138, 149, 155, 157, 161, 162, 171, 173, 184; — Antoinette, V, 154; — Armande-Marie, comtesse de la Guère, III, 220; — Barbe, V, 115; — Catherine, V, 122, 136, 140, 145, 153, 167, 173; — Charles, V, 122, 174, 175; — Charles-Joseph-Gabriel, V, 277; — Charles-Robert, V, 144, 147; — Claude, II, 197; V, 149, 151, 155, 169, 173, 184; — Claude-Joseph-Benoit, V, 253, 274; — Edmée, V, 151; — Éléonore-Ernestine, V, 277; — Étienne, V, 109, 112, 114, 115, 116, 117, 146, 149, 162, 174; — François-Ernest, V, 274; — Françoise, V, 112, 119, 153, 157, 175, 179, 187; — Gabrielle, V, 137; — Jacques, V, 185, 187, 188; — Jacques-Marie-Joseph-Ernest, V, 276; — Jean, V, 109, 110, 114, 115; — Jean-Hugues, V, 157; — Jean-Louis, V, 143; — Jeanne, III, 211, 235; V, 122, 146, 158, 185, 187; VIII, 236; — Jules, V, 274, 276; — Hélène, V, 173,

175, 188 ; — Henry, V, 136, 157, 171, 176 ; — Henry-Marie-Joseph-Anatole, V, 276 ; — Hugues. II, 219 ; V, 123, 137, 152, 153 ; IX, 263 ; — Hugues-Pierre, V, 159 ; — Ignace, V, 175 ; — Louis, V, 138, 140, 158 ; — Louis-Charles, V, 142 ; — Louis-Marie, V, 142 ; — Madeleine, V, 145, 187 ; — Marie, I, 222 ; V, 122, 149, 153, 165, 174, 187 : — Marie-Élisabeth, V, 144 ; — Marie-Gabriel, V, 275 : — Marie-Hélène-Angèle, III, 220 ; — Marie-Joseph-Anatole, V, 262 ; — Marie-Joseph-François-Xavier, V, 269 ; — Marie-Joseph-Léon, V, 270 ; — Marie-Joseph-Paul, V, 272 ; Marie-Joséphine-Camille, V, 270 ; — Marie-Joséphine-Claire, V, 262 : — Marie-Joséphine-Françoise, V, 255 ; — Marie Joséphine-Henriette, V, 267 ; — Marie-Joséphine-Laure, V, 272 : — Marie-Joséphine-Louise, V, 267 ; — Marie-Joséphine-Marthe, V, 270 ; — Marie-Joséphine-Mathilde, V, 271 : — Marie-Joséphine-Stéphanie, V, 241, 251, 266 ; — Marie-Madeleine-Victoire, V, 250 : — Nicolas, V, 138, 144 ; — Marie-Thérèse-Joséphine-Caroline, V, 272 ; — Marguerite, V, 118, 121, 153 : — Marguerite-Lucrèce, V, 159 ; — Paul-Louis, V, 139, 143 ; — Philippe-Auguste-Jules-Henry, V, 275 ; — Philippe-Jacques, V, 241, 253 ; — Pierre, V, 117, 120, 121, 123, 149, 153, 154, 155, 156, 157, 158, 168, 171, 184, 248 ; IX, 231, 235, 264 ; — Pierre Henry, V, 160 ; — Radegonde, V, 112, 114 ; — Renée, V, 169 ; — Silvain, II, 195, 197 ; V, 248 ; — Silvain-Charles-Pierre, Vte des Porches. III, 264 ; — Toussaint. V, 113 : — Vincent, V, 112 ; — Vincente, V, 117, 118 ; — Puyvallée (de), II, 124, 180, 191 ; VIII, 354 : — Anne, V, 196 ; — Anne-Joséphine, V, 240 ; — Antoine, V, 175, 194, 198 ; — Antoine-Henry, V, 191 ; — Antoinette-Catherine, V, 197 ; — Armande-Marie, V, 225 ; — Catherine, V, 189, 190, 213 ; — Catherine-Angèle, III, 261 ; V, 209 ; — Charles-François-Marie, V, 245 ; — Charles-Pierre, V, 197 : — Claude-Austrégisile, III, 220 ; V, 218 ; — Etienne, V, 194, 218 ; — François-Clément, V, 218 ; — Gabriel-Marie-Aspasie, V, 248 : — Henry-Pierre-Marie, V, 240 ; — Jacques, V, 185, 188, 189 ; IX, 214, 262, 274, 278 ; — Jean, V, 197 ; — Jean-Charles-Ferdinand, V, 241, 267 ; — Jean-Jacques. V, 190 ; — Madeleine, V, 191 ; — Marie, V, 196 ;

— Marie-Albert-Bernardin, V, 246 ; — Marie-Amélie, V, 246 ; — Marie-Anne, V 240 ;—Marie-Antoine, V, 245 ; — Marie-Aspasie, V, 241 ; — Marie-Auguste-Alfred, V, 246 ; — Marie-Delphine, V, 239 ; — Marie-Georges, V, 245 ; — Marie-Hélène-Angèle, V, 231 ; — Marie-Louis-Camille, V, 240, 247 ; — Marie-Madeleine, V, 189, 190 ; — Marie - Pierre - Anatole, V, 241 : — Marie-Sophie-Jeanne, V, 247 ; — Marie - Thérèse - Louise-Aspasie, V, 245 ; — Marie-Thérèse-Octavie, V, 240 ; — Marthe-Marie, V, 248 ; — Philippe, V, 191 ; — Philippe-Jacques, III, 220 ; V, 196, 198, 206 ; — Philippe-Pierre, V, 197 ; — Pierre, V, 191, 192, 193, 218, 239 ; — Pierre-Antoine, V, 190 ; — Pierre - Charles - Marie, V, 245 ; — Pierre-Marie-Jacques, V, 247 ; — Sylvain, V, 197 ; — Thérèse - Marie - Joséphine, V, 241;—Ursule, V, 194;—Ursule-Élisabeth, V, 191 ; — Ursule-Jeanne, V, 197.

Bengy-sur-Craon, I, 221 ; II, 77, 251 ; III, 304 ; V, 49.

Benoist, II, 196 ; IV, 329 ; VIII, 146, 148 ; — Antoine - Gabriel-François, III, 212 ; — Marie-Catherine, III, 212.

Benoît XIII, pape, I, 97 à 108.

Ber (Victorine Le), III, 233 ; — de Senneville, Marie-Louise, III, 212.

Beraud, III, 77.

Berault, IX, 201, 209 ; — d'Ardoine, IX, 249 ; — de Fontbon, IX, 196, 201, 210, 225, 249.

Berceau (le), IX, 229, 255, 258.

Bercioux, II, 35 ; IX, 1 ; X, 1.

Berge (Claude), VIII, 157.

Berger (Antoine), II, 195.

Bergerie (la), V, 180, 181, 183.

Bergeries (les), III, 8, 225, 228, 235 ; V, 160, 175, 185, 193 ; IX, 191, 193, 202.

Bergeron (Guillaume), VII, 199 ; — Sébastien, VII, 199, 206 ; — de la Perche, IX, 218, 231.

Berle (tour de), VIII, 163.

Berlières, III, 177, 181, 201, 204, 205, 210, 221, 225, 227 ; V, 180 ; IX, 203, 214, 215, 238, 276.

Bernada, II, 140.

Bernard, X, 132, 232 ; — l'abbé, VIII, 71.

Bernard-Aton, IX, 142.

Bernard (Michel), VIII, 180.

Bernard d'Aubeigné (Blanche-Marie-Victoire), V, 210 ; — Casimir, V, 209 ; — Casimir-Gaston, V, 210 ; — Jacques, V, 209 ; — de la Bafarderie, II, 29 ; — de Cordouan, Jean-Philippe, III, 219 ; — de Marandé, X, 131 ; — de Montebise, Armande-Marguerite, III, 215, 231 ; V, 223 ; — Augustin-

Pierre, III, 216, 219 ; — Michel-Jean-François, III, 215, 276 ; — de Tiron, IX, 155.

Bernard-Varenne, VIII, 353.

Bernard (le), II, 41.

Bernardin, IX, 249, 257, 261, 282, 283.

Bernay, I, 177, 180.

Bernay (Etienne de), II, 83.

Berne (de), IV, 258, 267, 302.

Bernier (Jacques), VIII, 183.

Bernot-Charant, II, 180, 192 ; — Marie, IX, 195.

Berruyer, II, 141.

Berry, numismate, I, 31, 335 ; III, 298 et s. : IV, 100, 116, 151, 153, 156, 157 ; V, 329 ; X, 289, 295.

Berry (ducs et duchesses de), V, 102 ; VII, 90, 92, 93. 98, 139 ; VIII, 111. 123, 127, 151, 152, 268.

Berry (le) à l'exposition rétrospective de Tours, par G. Vallois, X, xii.

Bery, V, 119 : IX, 242.

Bery-Lamé (J.), VI, 241.

Bertaudière (la), IX, 198.

Berthauld (Françoise), VII, 203.

Bertherand (François , V, 118.

Berthel, IX. 217, 227, 229, 235, 275 ; — Madeleine, III, 239, 243 : — Philippe, III, 239, 267 : V, 180, 181, 183.

Berthier de Grandry (Édith), V, 247 ; — Eugène, V, 247.

Berthomière (de la), de Montbou-

lan, d'Humbligny, IV, 250, 253, 286, 302.

Bertin, VII, 201 ; VIII, 331, 344, 345.

Bertons (Tertre aux), II, 57.

Bertrand (Alexandre), I, 34 ; II, 142, 192 ; VIII, 1 ; X, 279, 280.

Bertrand du Boueix, de la Mathas (Charles), VII, 200 ; — Claude, VII, 200, 208 ; — Claude II. VII, 201 ; — François, VII, 201, 214 ; — Françoise, VII, 197, 204 ; — Guiot, VII, 200 ; — Jean II, VII, 200 ; — Raymond, VII, 200 ; — Raymond II, VII, 200.

Bertrand de Montauban, II, 274.

Bertrand (Nicole), VIII, 308.

Berulf, VII, 33, 34.

Bérulle (Pierre de), I, 159, 160.

Besnard (de), IV, 276, 302 ; — Elisabeth, VIII, 138 ; — d'Arville, de Sauveterre, St-Loup-sur-Cher, Charles, VIII, 186, 187.

Bessé de Fromental, VIII, 306 ; — Marie, VIII, 211.

Bessoles, X, 108 et s.

Bessolles (Léonard de), VII, 134.

Betan (Pierre), VIII, 158.

Bétancourt (de), V, 120.

Béthune (de), VI, 167, 168 ; VII, 156 : — Armand, VII, 159 ; — Chârost (duc de), IV, 122 ; VI, III, 323, 327 : VIII, 348, 349, 352, — Armand-Joseph, VII, 285, 289, 294 ; — Paul-

François, VII, 294, 297 ; — Maximilien, III, 306.

Betoulat de la Perrière, IX, 219.

Beugnons (les), VI, 66, 68.

Beuille du Nointeau, IV, 288, 302.

Beurthes (les) ou les Burthes, IV, 294 ; V, 151 ; IX, 210, 254.

Beuvrant de la Loyère (de), IV, 332.

Beuvray, V, 54.

Beuvrière (la), VIII, 110, 150.

Beuvron, VI, 45, 51.

Bezard (Jean), VIII, 169.

Bèze (de) de la Belouze, IX, 303 et s. ; — Théodore, V, 115.

Béziers, IX, 142.

Bibliothèque de la Société, VI, VII ; X, XII.

Bicher de Saint-Michel, IX, 234.

Bichier (Maurice), V, 123 ; — Renée, V, 123 ; — des Ages, V, 124.

Bicoque (Bataille de la), VII, 107.

Bidault, II, 162 ; — François, VIII, 148, 149 ; — Jacquette, V, 170 ; — de Germigny, Claude, V, 121.

Bidoire (la), VII, 160.

Bidron, II, 21.

Bienvenuat, IX, 195.

Biet, III, 77 : IV, 321 : IX, 193, 207, 231, 288 ; — Claude, V, 179 : — Gaston, III, 180 ; — Marie-Françoise, V, 251 ; — Pierre, III, 178, 180, 276 ; VI, 169 : — de Maubranche, VIII,

222, 225, 226, 236, 239 ; IX, 194, 217, 221, 259 ; — de la Tremblaye, IX, 273.

Bièvre, VIII, 172, 174.

Bigny (de), II, 122, 140 ; IX, 239, 257, 274.

Bigot, I, 135 ; III, 77 ; VI, 186 ; IX, 151, 200, 222, 226, 263 ; — Claude, V, 121 ; — Étienne, III, 192, 201, 203, 277 ; V, 121 : — Geneviève, V, 172 ; — Jean-Jacques, V, 121 ; — Marie, V, 121 ; — Nicolas, IV, 217 ; — Pierre, III, 238, 243 ; V, 121 : — d'Atilly, VIII, 291 ; IX, 250, 254, 274, 284 ; — d'Aulgy et Terlant, Simon, VIII, 152 ; — de Contremoret, IX, 220 ; — de Senay, Jacques, VIII, 152 ; — de Terlan, IX, 256.

Bijoux et objets gaulois, II, 51, 53 ; III, VIII et s.; IV, 45, 47, 48 : V, 2 à 6, 37, 64 ; VIII, 6, ; IX, VII, 1 à 10.

Bijoux du moyen-âge, II, IX ; IV, XV.

Bijoux et objets mérovingiens, V, XV ; VIII, 73 à 81 ; IX, II.

Bijoux romains, II, 23, 24, 34, 45 ; IV, 92, 93, 94, 156 ; V, 75, 79 ; VIII, LXXXV, LXXXVI, 11, 39 ; X, 18, 36 à 39, 40, 52, 56, 60, 61, 66.

Billecheux (Pierre), VIII, 180.

Billeron, V, 116, 120 : IX, 253.

Billom. II, 288.

Billy (Catherine de), V, 131.
Biou. II. 67.
Bisset (de), VII. 208.
Bisson, IX. 210 ; — François, II, 85, 90.
Bisson (du), II, 129.
Bissonnière (Joseph), II, 96.
Bituriges Cubi, IV, 136, 187 ; V, 16 ; VII, 5, 6, 7, 10.
Biturix, IV. 187, 188 ; V, 95, 66.
Bizemont (de) Angélique-Félicité-Collette, VII, 160, 161.
Bladaste, VII. 33.
Blaesianus. IV, 188.
Blaesus, IV, 24, 135.
Blanc (le), III, IV ; VI, 135, 344.
Blanchard. II. 194 ; — Jacques, I, 221 ; — J.-B.. VII, 73, 149, 153, 170, 171, 174, 175, 181, 186 ; — Léon, VI, 180 ; — Pierre, VIII. 147.
Blanchat (Guillaume). VII. 152.
Blanchefort (de), VII, 2, 201 ; — Antoine. VII. 202 ; — François, VII. 202 ; — Gilbert, VII. 202 ; — Jean, VII. 201.
Blanchet-Adam, V, 152.
Blanquet de Rouville (Edmond), V, 241 ; — Gaston-Flavien, V, 242 ; — Marie-François-Flavien, V, 244.
Blant (Le), VII, 247.
Blanzay (de), IX, 216.
Blatière (la), VIII, 133, 187.
Blaudin de Thé, VIII, 297 ; — de Valière, VIII, 296.

Blazon, VII, 75, 77 ; — Thibaut, VII, 75.
Bléron, III, 144.
Blet, I. 45 ; III, 104 ; IV, 39 ; V, 18, 27, 34 ; IX, 205.
Blois, II, 281, 307 ; VI, 82, 83, 194, 204 ; VIII, 111, 112, 126, 127 ; IX, 124, 142, 197.
Blondeau, IX, 214, 278 ; — Denis, VIII, 213, 273, 261 ; — Gilles, V. 186 ; — Marguerite, V, 185 ; — de Chapuis, IX, 303 et s.
Bloy (Le), VI. 238 ; IX, 196, 201.
Boc. X, 132, 232.
Boccace (Jehan), II, 269.
Bochetel (Anne), III, 268 ; — Bernardin, III, 268 ; — Catherine, III, 268 ; — Guillaume, III, 268 ; Jacques, III, 268 ; — Jean, III, 268 ; — Jeanne, III, 268 ; — Marie. III, 268.
Bodin (Jean), VIII, 174 ; — de Boisrenard, Marie-Louise, V, 247.
Boerius, I, 269.
Boiacum, IX, 139.
Boileau, II, 192.
Boin, I, 61 ; III, 260 ; VIII, 355.
Boirot, Jean), III, 179 ; — Louis, III, 179.
Bois (le), IX, 275.
Boisaujeu, VIII, 235 ; IX, 216, 234, 266, 286.
Boisbelle, III, 164 ; V, 156 ; VI, 122 ; VII, 78, 94, 97, 107.
Boisbouzon, V, 179.

Boisbriou, IX, 279.

Boisbuard, III, 245 ; IX, 264.

Boischaut, X, 92.

Bois de Vesvre, V, 147, 167, 169, 193 ; IX, 210.

Bois d'Hay, VI, 33, 41, 56.

Boisdurand, IX, 191, 199, 234.

Bois-Dureau, VI, 58, 59, 62, 75, 81, 86.

Boisé, II, 194.

Boisfort, III, 223.

Boisgisson, III, 228 ; IX, 191, 193, 234, 273, 283, 289 ; — François, II, 196.

Boisgautier (Dauphine de), VIII, 178.

Boisguéret (de), I, 135 ; IX, 209.

Bois-Hutin, VIII, 126.

Boisjaffier, IV, 241, 258, 260, 267.

Bois-Maître, VIII, 133, 144.

Boismarmin (de), I, 288 ; IX, 187 ; — Christian, VIII, 206 ; — Georges, IV, 322.

Boisratier, II, 268, 270, 276 ; — Guillaume (de), II. XII.

Boisrenault, VIII, 172.

Boisrigny, IX, 235, 273.

Boisrouvray (de), III, 76, 82 ; IX, 214 ; — Pierre, VIII, 152 ; — de Marçay, IV, 287, 303.

Boisroux, I, 15, 38, 39 ; — V, 199, 201, 202, 203 ; — VI, 311.

Boisseau (Françoise), III, 210.

Boisserin-Luçon, II, 196.

Boissieu (de), IV, 109 et s.

Bois-sir-Amé, III, 208 ; VI, 124 ; X, 306.

Boissoudy, IX, 224, 232, 277.

Boissy (cardinal de), VII, 103, 171, 174.

Boisvilliers (de) Jehan de l'Aubraye, VIII, 152.

Boiteau, IX, 282 ; — Marie-Gabrielle-Thérèse, III, 244.

Boîtes funéraires, VIII, 30 ; X, 100 et s., 115.

Boitière, IX, 256 ; — de Saint-Georges, III, 238.

Bomès, VII, 94.

Bomès (de), VII, 3 ; — Marguerite, VI, 76, 77, 80, 85, 87, 214 ; — Robert III, VII, 74 ; — Robert IV, VII, 74, 75, 76 ; — Thibaut, VII, 77.

Bomiers, VII, 74, 76, 77, 143.

Bompois (Ferdinand), IV, 342, 343.

Bonald (de), V, 219.

Bonauderie (la), IX, 280, 282.

Bonbars, III, 230.

Bondet (François de), VII, 204.

Bondor (Catherine), V, 116, 160 ; — Gilbert, V, 116.

Bonnaire, II, 171, 185.

Bonduée, VIII, 141, 148.

Bœuf en bronze, trouvé à Saint-Satur, par A. de la Guère, VIII, 39 à 73.

Bonnanfans, VI, 248.

Bonnardelle, I, 208 ; III, 84.

Bonnault (de), II, 193, 194 ; — Alfred, V, 131 ; — Antoine-Henry, V, 131 ; — Catherine-Marie, V, 131 ; — Charles, V,

132 ; — François-Antoine, III,
226 : — Jean-Charles, III, 214,
277 ; — de Méry, III, 214 ; —
François, de Sauldre, V, 133 ;
— de Villemenard, II, 194, 196 ;
— Antoine, V, 132 ; — Antoine-
Charles, V, 131 ; — Camille-
Denis, V, 132 ; — Marie, V,
132 : — Prosper, V, 132 : --
d'Houet, II. 192, 196 : III,
259 ;--- Antoine-Joseph, V, 251 ;
— Euphémie, V. 253 ;-- Fran-
çois-Antoine, V. 131 ; — Fran-
çois-Joseph. V, 251 ; -- Joseph,
V, 253 : -- Léon, V, 253 ; —
Marie-Silvain-Antoine-Eugène,
V, 252 : — Xavier, 253.
Bonneau (Antoine), II, 196 ; —
du Martray, Claire, V, 257 ; —
Edmond. V, 257.
Bonneausat, VI, 247.
Bonnebuche, IX, 253.
Bonne des Landes, IX, 149.
Bonnefoy (de) de Chirac-Guérin,
IV, 281, 304.
Bonnemain, IV, 252, 303.
Bonnesset (Marie-Joséphine), III,
213, 264.
Bonnet, III 76, 77, 84 : IX,
202, 209, 258 ; — Jeanne, III,
239 ; V, 181 ; — du Genetoy,
IV, 271, 303 ; IX, 239 ; — de
Thou, IX, 231, 235, 275.
Bonneuil (de). I, 149, 155, 156 ;
IX, 256, 267, 276.
Bonneval (de) Henry, V, 229 : —
Marguerite, V, 229.

Bonneville, II, 164.
Bonnin ou Bonin, III, 75, 77, 82 ;
IX, 277 : — Charles, III, 222 ;
— Pierre, I, 270 ; — de Fé-
roles, IV, 245, 247 à 249,
303.
Bonninière de Beaumont (de la),
Anne-Eugénie, V, 217.
Bonstetten (de). IV, 75.
Bonval (de), IX, 232.
Boosse (Pierre), VIII, 134.
Bord, VII, 205.
Bord-Grandfont, II, 98.
Borde (de la), IX, 246, 269.
Bordeaux, I, 136 ; VI, 133 ; X,
113, 117.
Bordeaux (Raymond). II, II, 290.
Borderoux (Simon), V, 113.
Bordes (les), III, 143 ; VI, 326.
Borjella (Pauline). II, 206.
Borlière, III, 41.
Borne (la), I, 218 ; III, 160
et s.
Bornes milliaires, VI. VII à IX, XII,
65, 286, 288, 291, 297, 299 à
328 ; VII, 18.
Bosquillon d'Aubercourt (Louise),
V, 253.
Bosredon de Mouy, II, 180.
Bottisham (Urne de), V, 41.
Boucart, V, 29, 35.
Boucaumont, II, 115.
Bouchain, IX, 233, 286.
Bouchard (le), VIII, 268.
Bouchard de l'Aage (Louis), VII,
199.
Bouchardin, III, 300.

Bouchardon, IV, 336.

Bouchault, VIII, 140.

Boucher, III, 80.

Boucher, X, 295 ; — Jean, peintre, IV, 263 ; VII, 205.

Boucher (de) Michel-Louis-Désiré, V, 133 ; — Sophie, V, 133.

Bouchet, IV, 264, 304.

Bouchet (le), V, 166 ; IX, 245.

Bouchetin, II. 77 ; III, 211, 212 ; V, 146.

Bouchier (Pierre), X, 129, 236.

Boucle mérovingienne découverte en 1877, à Issoudun, par A. Buhot de Kersers, VII, 243 à 247.

Boudan (le), VII, 194.

Boudré (Olive), III, 214.

Bouelles, III, 11.

Bouer (Cyprien), V, 118, 119 ; Gabrielle, V, 118 ; — Jean, V, 117 ; — Marguerite, V, 118 ; — Marie, V, 118 ; — de St-Igny et de Senay, André, VIII, 236.

Bouesse ou Boueix, VII, 208.

Bouet, IV, 245 ; — Pierre, V, 160, 175.

Bouette (Radegonde), III, 194.

Bouffet, III, 75, 76, 77 ; IX, 197, 212, 241, 245, 248, 252, 256, 258, 262, 273 ; — Anne, V, 147 ; — Gabriel, III, 213, 277 ; V, 147 ; — Jean, III, 211 ; — Jean-Antoine, V, 147 ; — Jeanne, III, 211, 213, 214, 244, 250 ; V, 147 ; IX, 272 ; — Marie-Françoise, V, 148 ; —

Marie-Magdeleine, V, 148 ; — Robert, V, 174 ; — Paul, IX, 277 ; — de Montsauge, IX, 249.

Bouguier (Pierre), V, 123.

Bouhours, II, 158.

Bouisault, VIII, 141.

Bouju, IX, 191.

Bouillé (Jean), II, 158.

Boulaize, VII, 160, 209.

Boulandier (Françoise), V, 204.

Boulidière (la), IX, 197, 266, 267.

Boulogne (Jeanne de), II, 279.

Bouquet (Pierre), VIII, 180 ; — des Chaux. Édouard, III, 267, 277 ; — Ferdinand, III, 267.

Bouquier, IX, 193, 250.

Bourbon (de), II, 227 ; VI, 196 ; IX, 110. 151, 216 ; — Aimon, IX, 132 ; — Archambaud IV, VII, 47, 50 ; — Archambaud V, VII, 50 ; — Charles, II, 285 ; — Louis I, VII, 87, 93 ; — Marguerite, VII, 87, 116.

Bourbon-l'Archambault, IX, 205, 226, 244.

Bourdaloue, I, 326 à 328 ; II, vi, 40, 58, 327 ; III, 76, 77, 81, 82, 83, 290 ; IV, xvii, 256, 258, 267, 269, 270, 304 ; V. 16, 27 ; VI, 45, 46, 84, 87, 158, 194, 205, 334 ; IX, 194, 223, 243 ; — Anne, III, 206 ; IX, 263, 264, 280 ; — Anne-Marie, V, 192 ; — Antoine, VIII, 274 ; — Catherine, IX, 204, 217 ; — Claude, III, 204, 277 ;

IX, 287 ; — Estienne, VIII, 211, 212, 238 ; IX, 241 ; — François, IX, 265 ; — Louis, III, 206 ; — Louis, VIII, 277 ; — Pierre, III, 204 : IX, 204, 274 ; — d'Héry, IX, 244.

Bourdaloue, VI, 45, 84 ; VIII, 110, 128, 173, 178, 210.

Bourdin (Jacques), III, 268.

Bourdoiseau, IV, VII.

Bourdon, VIII, 183.

Bourdoys (Gabriel), VIII, 134.

Bourg-au-Roi, VI, 59, 60, 62.

Bourg-en-Bresse, II, 283.

Bourgeois (François), II, 103.

Bourgeot de Boissoudy, I, 135 ; IX, 277.

Bourges, IX, 200, 221 ; — Anne (de), VII, 202.

Bourges (ville), I, IV, VII, IX, X, XII, 2 à 12, 15, 41 à 46, 56, 60, 73, 85, 88 à 118, 129 à 167, 183 à 210, 213 à 294, 317, 326 et s. ; II, IX, XVII, 90, 328, 329 ; V, 1, 9, 22, 97 ; VI, 30 et s., 46, 48, 51 et s., 56, 67, 71, 81 à 88, 91 à 96, 109, 112, 115, 129 à 281, 298, 300 à 302, 304, 310, 326, 327, 329, 332, 340, 341 ; VII, 44, 59, 88, 92, 93, 96, 98, 104 ; VIII, XI, XXI, LXIII, 4, 41, 46, 74, 81, 84, 89, 108, 123, 151, 187, 206 à 308, 334 à 360 ; — IX, IX, XII, XIII, XV, XX à XXII, 1, 8, 10, 73 à 77, 129, 135, 140, 177, 191 et s., 301 à 315 ;

X, III, VIII, IX, 33 et s., 131, 132, 148, 149, 245, 270, 289, 301.

Bourgine, VIII, 166.

Bourgogne (de) Charles, V, 215 : — Charlotte, VII, 99, 100, 102, 106 ; — duc, II, 269 ; — Jean, VII, 99 : — Marie, V, 215.

Bourgoing, I, 160, 197, 198.

Bourgougnon, V, 185.

Bourguie (Pierre), VIII, 146.

Bourguigne, VIII, 145.

Bourin (Claude), VIII, 137, 148.

Bourgneuf, VI, 34 ; IX, 217, 222.

Bourré, VIII, 233, 280.

Boursault, II, 197 ; III, 75, 77, 79, 83 ; — du Tronçay, II, 191.

Boussac, VII, 64, 66, 68, 74, 111.

Boussac (de), II, 283.

Boussais, VII, 108, 134, 191, 192, 198, 199.

Boutet, I, 111 ; — Claude, VI, 263.

Boutiller (Françoise), VIII, 135, 137 : — de la Houpanne (Gabriel), VIII, 192 ; — des Souches (Guillaume), VIII, 188.

Boutillier, VI, 175.

Boutin, II, 87 ; — René-François, IX, 304 et s.

Boutonnay, V, 160, 175.

Bouvard-Léonard, II, 158.

Bouvrie (la), II, 116, 120, 197.

Bouy, IV, 241, 286, 288, 289, 290, 293, 297, 349 : IX, 207, 268, 274.

Bouzitat, IV, 265, 304.

Boy, VIII, 183.

Boyer (Hippolyte), I, 141, 250, 251, 288, 292 ; II, 40, 58, 103 ; IV, 141, 142, 164, 338 ; V, 85 ; VI, 44 ; X, 240, 241, 252, 262, 267.

Boyleaux (Robert), X, 140.

Boys (Pierre du), VII, 285.

Boytière, II, 227.

Bozan de la Porte, VII, 204.

Brabant (Jean de), VII, 99.

Braine-le-Marais, V, 126.

Brandy (du), VII, 150.

Braud (Mgr), V, 259.

Braud de la Brousse (Esther), V, 259.

Braun, IV, 264, 284.

Braye-sur-Seine, II, 277.

Brécy, IV, 285 ; IX, 260.

Brécy (Hugues de), VII, 194.

Bressoles, III, 187.

Bressoles (Claude de), VII, 191 ; — Guillaume, VII, 191 ; — Bréchard, Jean IV, VII, 191 : — Jean V, VII, 191 ; — Louis, VII, 191, 198, 206 ; — Louis II, VII, 191 ; — Pierre, VII, 192 ; — de Varennes, Balthazard, VII, 192; — Léonard, VII, 192.

Bressuire, II, 143.

Bretagne (Jean VI, duc de), II, 279.

Bretagne (Marie de), IX, 229, 255, 258.

Breuil, VIII, 154.

Breuil (le), III, 235 ; V, 173, 188, 205 ; IX, 213, 264.

Breuilhamenon, III, 268.

Breüille (la), IX, 244, 260 ; III, 229.

Breuillet (de), IV, 289.

Breuvron, V, 118.

Briant, IX, 287.

Briante, VII, 195, 196.

Briaulne, V, 249.

Brichanteau (Nicolas de), VII, 291.

Briçonnet ou Brizonnet, III, 200, 278 ; — de Contremoret, IX, 272 ; — de Lessay, IX, 211, 218, 272.

Bridiers, V, VI ; X, 114, 116.

Brielles (de), IX, 262 : — Jacques, V, 169.

Brière-Montaudin, VII, 296.

Briey (Camille de), V, 235 ; — Charles-Herbrand, V, 233 ; — Jovine, V, 235 ; — Gobert, V, 234 ; — Hugues, V, 234 ; — Louise, V, 235 : — Marie, V, 235 ; — Marie-André-Edouard, V, 232 ; — Marthe, V, 235 ; — Richer, V, 234.

Brimont (Thierry de), VIII, LXXVI, 83 : IX, XI, 129 à 173, 321.

Brinay, VIII, 172 ; IX, 222, 265.

Brinay (Guillaume de), VIII, 176 ; — Louis, VIII, 183.

Brinet, VIII, 141.

Brinon, I, 51, 55, 328 ; II, 55.

Briquet, IX, 270, 279.

Brisacier (de), IX, 244, 251, 252, 277 ; — Marie-Marguerite, V,

131 ; — Pierre, V, 125 ; — René-Mathias, V, 125.

Brisart (Jehan), VIII, 181.

Brisay, VIII, 127.

Brisée (la), VIII, 293.

Brissac (de), V, 229.

Brisson, I, 202 ; II, 194 ; — Marcou, VIII, 189 ; — de Plagny, I, 197 à 199, 200 ; III, 77, 79 ; — Angèle, III, 261 ; V, 214 ; — Jacques, III, 261, 278.

Briou, IV, 313 ; V, 190 ; VI, 34 et s., 81 ; IX, 233.

Brives, faubourg de Bourges, III, 37, 57.

Broc (le), VII, 80.

Brochard, II, 119.

Brodeau, I, 262.

Broé de Villebœuf, IX, 204.

Bronze (armes de), IX, 11 ; X, 111, 277 ; — épées, V, 44, 45, 59 ; VI, 296 ; VIII, 1 à 6 ; IX, 9, 10 ; — haches, VI, 297 ; — objets divers, III, 33 ; IV, 45, 55, 72, 92 ; V, 2 à 7, 38, 44 à 48, 56, 59, 75, 76, 85 ; VI, xiv à xviii, 288, 291 et s. ; IX, i, vii, xii, xiv, 1 à 10, 79 à 82 ; X, iii, 1, 2, 8, 10, 14, 15, 18, 25, 28, 36, 50, 51, 60, 277.

Brosse (de), VII, 3 ; — Hugues, VII, 74, 75 ; — Pierre-Michel, VII, 161 ; — Roger, VII, 74, 75, 160.

Brosse (la), VIII, 110, 126, 129, 135, 136, 153, 154, 209, 308.

Brosse (Charles de la), VII, 202 ; — Edme, VII, 202 ; — Vincent, VII, 192, 202.

Brosses, X, 303.

Brossette, V, 163.

Brossier, IX, 222, 240, 253 ; — Marie-Élisabeth, III, 237, 278.

Brouard, IV, 298.

Broussaud, VII, 208.

Bruère, III, 78 ; V, 176 ; VI, 119, 283, 289, 290, 323 à 328 ; IX, 232, 254, 256 ; — Jeanne, V, 193 ; — Pierre, VIII, 270, 272.

Bruères, II, 74 ; III, 97 ; IV, 116, 122 ; VII, 89, 94, 107, 115.

Bruères (les), V, 180 ; IX, 217.

Brullebaut, VII, 193, 209.

Brunet, X, 289 ; — Jacques, VII, 206 ; — de la Tour, VIII, 302 ; — de Presle, II, 56.

Brunoy (de), VII, 155, 157, 158, 214.

Bruyères, VI, 84.

Buchepot (Claude de), VII, 117 ; — René, VII, 116, 117.

Buchet, II, 119 ; — La Sablonnière, II, 194.

Bué, IX, 246.

Buffiou, III, 177, 187.

Bugy (Espérance), V, 137, 138.

Bugnetat, VI, 225.

Buhot de Kersers (Alphonse), I, v, vi, 13, 59, 78, 83, 325 à 335 ; II, i, ii, iii, v, vi, 27, 31, 49, 209, 298, 328 ; III, i, 11, 47, 91, 297 ; IV, xiii, xiv, xv, 85, 94, 335 ; V, i, v, viii, 13, 36, 82,

96, 323 à 353 ; VI, i à xviii, 91 à 96, 100, 107 à 128, 329 à 344 ; VIII, iii, vi, vii, viii, xix, xlvii, li, lxiv, lxvi, lxxii, 1, 30, 73, 333, 363 à 369 ; IX, i, ix, xii. xxii, xxiii, 73 à 77, 317 à 324 : X, iii, 17, 69, 285.

Buisseret (Albert-François-Balthazard-Alphonse de), V, 230 : Marie-Charles-François Raymond, V, 230 ; — Robert, V, 230.

Buisson (Antoine , VIII, 286.

Buisson-Guillot (le). V, 119.

Buleu (de), VI, 175.

Bulletin numismatique, par M. A . de Kersers, n° 1, I, 325 ; n° 2, II. 328 ; n° 3, III, 297 ; n° 4, IV, 335 : n° 5, V, iv, 323 à 353 ; n° 6, VI, 329 ; n° 7, VII, 319 à 325 ; n° 8, VIII, li, 363 à 369 ; n° 9, IX, ix, 317 à 324 ; n° 10, X, vii, 285.

Bulliot, II, 60, 209 ; IV, vii.

Bullot (Claude), VI, 189.

Buré (de), II, 314.

Bureau, VIII, 140, 141, 144, 167.

Bureau des finances à Bourges, IX, 195. 197, 198, 199, 240, 253, 268, 284.

Bureaux (les), X, 294.

Burgat (Note relative à Me François), par P. Riffé, II, ii, 81.

Burlet (Claude), V, 129.

Buscilla, IV, 175.

Busserolles (de), VIII, 358.

Bussières, VI, 95.

Bussières-d'Aillac, IX, 147, 224.

Bussière (de la), VIII, 293.

Busson, III, 76, 77, 83, 84 ; VIII, 247, 249 ; IX, 199, 244 ; — Pauline, V, 210 ; — de Bussy, IX, 264 ; — de la Breuille, IX, 244, 260 ; — de La Vesvre, Ernest, III. 234, 278 ; — Étienne-Henri, III, 234 ; — de Villeneuve, Catherine-Rosalie-Célestine, III, 232 ; — Louis-François, III, 232.

Bussy, III, 201, 232 : IV. 256 ; IX, 244, 264.

Bussy (de), VIII, 335 ; — Castelnau, III, 255.

Bulet, VIII, 355.

Buxède, IX, 282.

Buxeroles, X, 118, 124.

Buxeuil, III, 300 : VIII, 159, 190.

Buxières abbaye), I, 209 ; V, 148 ; IX, 270, 273.

Buzacy de Puvant (Sophie-Zelanie), V, 233.

Buzançais, I, 118 ; III, 214, 251 ; IX, 229.

Buzancourt, VI, 194.

Byzance, III, 97.

C

Cadier, IX, 288; — de Veauce, Madeleine, III, 228.

Cadouet, IX, 267.

Caen, I, VII; VI, 316.

Cæsarodunum, I, 49.

Cahu (François), VIII, 141, 144, 145, 149, 154, 189.

Cailhaud (Perrette), VIII, 271.

Caillaud, (abbé), II, 90; III, 13.

Caillou (Jean), VII, 246.

Calaude, III, 84.

Calepa, IV, 160.

Caligula, X, 85 à 87.

Calixte II (pape), IX, 148.

Calvados, II, 101, 299.

Calvin, V, 115; VI, 48.

Cambis (Palmyre de), V, 276.

Camboneus, VII, I.

Cambrai, IX, 84, 85, 240.

Cambray (Hélène de), III, 178; — Jacques, III, 183.

Camps antiques, I, 13, à 57; — III, 38; — IV, 161; — VI, I, II, 1 à 89, 286, 290; — VII, 13, 14, 21, 22, 24; — IX, 81; — X, V, 107.

Camp de Haute-Brune et voie romaine de Bourges à Orléans, par G. Vallois, VI, I, II, 1 à 89.

Camp des Fossés Sarrasins, X, V, 107.

Camp de Vercingétorix, VI, 19 à 23.

Camus (Le), IX, 289.

Camuset, II, 222.

Canal de Berry, I, 60, 62, 69.

Canal latéral, X, 257, 258.

Cande, IX, 145.

Canillac, II, 98.

Cantilia (Chantelle), VII, 10.

Cantineau de Comacre (Félix), III, 219, 278; — Jean-Charles-Gabriel, III, 219; — Louis-Charles, III, 219.

Cany, I, IV.

Caprez (de), VIII, 312.

Captal de Buch, VII, 97.

Capucins (les) de Bourges, I, 207.

Caranda, VI, XIII.

Carcassonne, X, 113.

Cardinal (de), I, 209; III, 75; IX, 239.

Cardinet de Poinville, II, 122, 192.

Carmélites (les) de Bourges, I, 209; IV, 266, 270.

Carmes (les) de Bourges, I, 208; IX, 217, 226, 227, 233, 239, 256, 267, 272.

Caron, V, 211; IX, 320; X, 290, 300, 303.

Caron (Le), Louis-Carondas, I, 263.

Caroyllon-Destillières, II, 224.

Carré, VIII, 350, 351 ; — Jacques, VIII, 149 ; — de Charnay, Marc, VIII, 186 ; — de Montgeron, V, 203 ; IX, 257, 263.

Carrelot (Marie), V, 151.

Carroy (le), III, 202.

Carteron (Anne du), V, 203 ; — Jean, V, 203.

Cartier de Saint-René, VI, III, 283 à 321 ; VIII, LVI, 351.

Cartunus, IV, 112.

Cassinel, III, 180.

Casson (le) IX, 191, 197, 198, 206.

Castaings (les), II, 335.

Castan, III, 15 ; IV, 46, 48, 50.

Castello (de), des Granges, IV, 249, 251, 304.

Castelneau (Michel de), III, 268.

Castres (de), IV, 243.

Castrum Gordonicum, III, 7, 27.

Catalogue du Musée lapidaire de Bourges, IV, 1.

Cathédrale (V. églises).

Catherine de Médicis, II, 83 : III, 268.

Catherinot, II, 29 ; III, 76, 81 ; IV, 110, 118, 137 : VI, 311 : VIII, III, XXXI, 108, 356 ; IX, 235, 237, 249, 252, 257, 261, 263, 282 ; — Catherine, IX, 214, 247 ; — Cologne, II, 193 ; — Denis, I, 249 ; III, 221, 225, 226, 278 ; V, 150 ; — Gabriel, V, 206 ; — Marie, III, 221 ; — Marie-Michelle, III, 225 ; IX, 203, 215, 238, 276 : — Martin, V, 206 ; — Nicolas, historien, I,

2, 20, 21, 135 à 137, 203, 211, 218, 220, 223 à 225, 233, 236, 240 à 246, 249, 260, 264, 273 à 287, 289 ; IX, 188, 189, 201, 213 ; — René, IX, 201, 213 ; — de Chamroy, IX, 258, 264.

Cathin, IV, 253, 286, 305.

Catillon (le), IV, 58, 65.

Catius, IV, 113.

Catus, IV, 113.

Cauchy, V, 228 ; — Marie-Mathilde, V, 240.

Caumont (de), I. v ; III, x, 92 ; IV, II, 51, 74, 164 ; V, 40.

Cavailhon, III, 269.

Cavia-Quieta, IV, 24, 134.

Cayenne, II, 90 ; III, 214.

Caylus (de), IV, 123, 126, 167, 177 : VI, 283 et s., 299, 304, 313, 317.

Celette (la), IV, VII.

Celle-Bruère (la), I, 56 ; II, 142 ; V, 27, 32 ; VI, 324 ; IX, 75.

Celle-Condé (la), II, 90.

Celon, X, 116.

Céramique dans le département du Cher document inédit pour l'histoire de la ., par M. Ch. de Laugardière, III, 159.

Céramique du moyen-âge, II, IV ; IV, XIII, XIV.

Céramique émaillée de l'antiquité, X, x, 58.

Céramique gauloise, III, 3 ; IV, 45, 47, 50, 51, 71 ; V, 11, 58, 64 ; X, 4 à 6, 8, 10, 13,

14, 16, 25, 27, 35, 54, 55, 276, 277.

Céramique lustrée (secret de sa fabrication), X, 62.

Céramique moderne, I, ix ; II, 307 et s. ; III, 159.

Céramique romaine, I, iv, 38, 59 à 81 ; II, 24, 33, 34, 45 ; IV, 96, 173, 174, 177 ; V, x xi, 38, 64, 70, 74 ; VI, 288 et s., 313, 319 ; VII, 12, 13, 15, 25, 238, 239 ; IX, 12 à 22 ; X, iii à v, ix, xi, 14, 16, 18, 26, 44 à 50, 54 à 63, 64 à 68, 80, 81, 99 et s., 267 ; — émaillée, X, 50, 58, 59.

Cerny de Lespinay (de), V, 209.

Certain (de), VIII, 83 ; X, 239, 251.

Cerviéres, II, 192.

César (Jules), I, 3, 10, 17, 34, 35, 41, 45, 114 ; V, 51, 52 ; VI, 19 à 29, 45, 86, 88 ; X, 266.

Cessac (de), II, 209.

Chabannes (de), VII, 3 ; VIII, 293 ; — Joachim, VII, 214 ; — de La Palisse, François-Antoine, VIII, 134.

Chabaud (Jean), II, 103.

Chabenat (de), I, 148 ; III, 76, 77 ; IV, 330 ; IX, 218, 236 à 238 ; — Mathias, III, 228, 278 ; — René, III, 228 ; — de Bonneuil, IX, 267, 276 ; — de Savigny, IX, 236, 267.

Chabert (Joseph), V, 204 ; — de Fontville, Étienne-François, V, 204.

Chabot, II, 138.

Chabotière, VI, 84.

Chabouillet, VI, ix ; VIII, i, lix, lxiv, lxvi, lxix, lxxii, lxxxvii.

Chabridon de Coulanges (Jean), VIII, 159.

Chabris, VIII, 162, 186.

Chabrol de Crousol (Clémence de), III, 265.

Chaignon (Jacques), VII, 202 ; — Pierre-Joseph, VII, 202.

Chaillot de Lugny, VIII, 313.

Chaine (la), II, 184.

Chaises (les), IV, 255, 269 ; — IX, 207, 276.

Chalivoy-Milon, III, 108, 126, 128, 268 ; V, 18, 27, 34, 99 ; VIII, 91 ; X, 289.

Challade (la), IX, 199.

Châlons-sur-Marne, III, 107, 134, 149, 156 ; VI, 133 ; IX, 308.

Chalus, III, 238 ; IX, 285.

Chambellan, III, 77, 83 ; IX, 192 ; — Anne, V, 118 ; — François, VIII, 190 ; — Geneviève, VIII, 152 ; — Hiérosme, II, 82 ; — Jérôme, V, 118 ; — du Genetoy, Marie, VIII, 303.

Chambon, II, 219 ; V, 157 ; IX, 199, 234 ; X, 116.

Chamborand (Hugues de), VIII, 127, 156.

Chamboret, IX, 138.

Chambrun (Cécile), VIII, 296.

Chamfort, IX, 203.

Chamillard, I, 235 ; IV, 267, 270 ; VIII, 234, 238 ; IX, 194, 243, 271 ; — Anne, III, 206, 225, 243 ;

IX, 237, 258, 272, 276 ; — Clément, IX, 243 ; — Henry, III, 206, 279 ; — Michel, III, 206 ; — de Villatte, IX, 243, 263, 280.

Chamois, VI, 265.

Champagne (comtes de), VIII, 114 ; X, 245, 248, 256, 258, 259, 263, 264, 270, — Adèle, X, 249 ; — Ermengarde, X, 249 ; — Étienne, X, 246, 249 ; — Eudes II, X, 248, 249, 263 ; — Henri, X, 249 ; — Roger, X, 246, 248.

Champagne du Berry, X, 92.

Champdavid (de), III, v.

Champeaux (Guillaume de), II, 282.

Champgrand, I, 249, 292 à 294 ; II, 138, 194, 196 ; V, 156 ; IX, 153, 160, 233, 235, 255, 258, 264, 281.

Champieux, II, 111.

Champigny, III, 225, 262 ; V, 253.

Champigny (de), IV, 329.

Champillet, VII, 22 ; VIII, 25, 27, 28,

Champion (Pierre-Denis), X, 130.

Champlieu, III, 27.

Champlirault, V, 126.

Champroy ou Chamroy, V, 150 ; IX, 214, 258, 264.

Chanceaux, VII, 130.

Chanceaux (Marguerite de), VII, 214.

Chancenay, IX, 222, 265.

Chanfernon, VII, 209.

Channay, IV, 70.

Chantalou ou Chantaloue, IV, 244, 266 ; IX, 207.

Chantegrelet, V, 123.

Chantegrue, II, 54.

Chantelle, VI, 289.

Chantemerle, VII, 192, 193, 205.

Chantilly, IX, 275.

Chantoceaux, II, 279.

Chapelain de Fontenailles (Thomas-Claude), V, 130.

Chapelaude (la), VII, 50 ; IX, 130, 132, 133, 161, 164 à 168.

Chapelle (de la), III, 76, 222, 279 ; IV, 236, 288, 305 ; IX, xiii, 204, 206, 212, 213, 225, 227, 243, 258 ; — Claude, V, 168 ; IX, 195, 247, 271 ; — Jeanne, III, 208 ; — Marie, IX, 282 ; — Marie-Jeanne, III, 223 ; IX, 200, 224, 226, 230, 236, 250, 253, 276 ; — Pierre, IX, 200, 215, 246, 270 ; — des Gozis, IX, 241, 245 ; — du Plaix, IX, 200, 242 ; — Pierre, III, 223.

Chapelle-d'Angillon (la), I, 268, 283 ; III, 236 ; IV, 257 ; V, 19, 28, 34 ; VI, 109, 111 ; VII, 78, 87, 94, 117 ; VIII, 91 ; IX, 213, 229, 264 ; X, 242.

Chapelle-Moine-Martin (la), VIII, 113.

Chapelle-Saint-Ursin (la), VI, 54 ; VIII, 4 ; IX, 9, 10 ; X, 280.

Chapelles (les), IX, 200, 221, 287.

Chapelutte, VIII, 275.

Chapitre de Saint-Etienne de Bourges, II, 251; V, 124, 153, 155, 157, 165, 181, 183. 193, 194, 197; III, 192, 214, 306; VI, 121; VIII, 166; IX, 133, 198, 199. 200, 203, 204, 208, 215, 216, 219, 220, 226, 230, 233, 236. 237, 239, 241, 244, 246. 247, 249, 252, 255, 256, 262, 263, 265, 268, 271, 277 à 281, 283. 284, 286, 290.

Chapitre de la Sainte-Chapelle de Bourges, IX, 208, 248. 265, 266, 267, 268, 269, 272, 275, 282.

Chapitre de Saint-Cyr d'Issoudun, IX, 135, 136, 279.

Chapitre de Saint-Ursin de Bourges, IX, 139, 237, 238, 270, 277, 279, 288.

Chappes, IV, 273; V, 145, 149, 150, 154, 158; IX, 202.

Chappus, X, 132, 232; — Marie. IX, 215, 233, 266.

Chapt (Le) de Maubois, VIII, 294.

Charant. II, 177, 179; IX, 195.

Charantonnay. VIII, 305.

Charasse. VII, 193.

Charbonnier (Antoine , VIII, 173.

Chardon (Nicolas), VI, 263 à 280.

Charenton, III, 100, 108; V. XV; VI, 120, 341, 242: VII, 284, 292; VIII, LXXXI, LXXXIII; IX, 137, 147; X, 290, 304.

Char gaulois. IX, II, 10.

Charité-sur-Loire (la), II, 307;

III, 114, 116, 118, 126, 215; IV, 282; VI, 135, 140, 212, 214, 217; VII, 93, 96, 121; IX, 138, 191, 230, 249, 268.

Charlemagne, empereur, III, 54, 96; VI, 37; X, 27, 262.

Charlemagne, III, 77, 82, 83; V, 118; IX, 207, 229, 242, 268, 277; — Anne, V. 119; — Catherine, V, 119; — Jean, V, 119; — Marie, VIII, 275; — de Chantaloue, IV, 257, 265, 305.

Charles V, I, 96: VI, 133, 203; X, 245.

Charles VI, I, 98, 109 à 124; II, 269; III. 62; VI, 130, 132, 134, 203.

Charles VII, I, 88, 89, 92, 171; II, 5; VI, 63, 134, 144, 240, 280; VII, 95, 96, 284. 301: IX, 127, 323.

Charles VIII. I, 131; VI, 148, 149, 203, 269; VII, 99, 284, 301: IX, 105 à 128.

Charles IX, I, 114; III, 270; VII, 119, 284, 301: VIII, 114.

Charles X. de la Ligue, III, 305.

Charles de France, VII, 90.

Charles-Martel, X. 113.

Charlet (faubourg, II. 30; IX, 139.

Charlet (Louis-Henri), IX, 303 et s.

Charly, III, 108; IV, 39: V, 28, 34: IX, 73.

Charma. IV, 58, 65.

Charme (le). VI, 71.

Charmeil, I, 218.

Charnay, V, 193; VIII, 186.

Charnaye (la), IV, 244; VIII, 305;
IX, 221, 289.

Chârost, I, 268; II, 339; III, 121;
VI, 51, 110, 194; IX, 136, 139.

Chârost (de) duc, IV, 276; VI,
283 à 321.

Chârot, instituteur. I, iv, v; II,
31 et s., 50, 64; III, 299.

Charpeigne, II, 268; III, 246; V,
159.

Charpeigne (de), Martin, Gouge,
II, 267 et s.; — Guillaume,
II, 289; — Jean, II, 289.

Charpentier, I, 202; VI, 202.

Chartier (Françoise), VIII, 169.

Charton, IX, 199.

Chartres, I, 110; II, 267.

Chaseret (de), IX, 234.

Chaspt (la), III, 248.

Chasseigne (J.-B. Légier de la),
VII, 160, 162, 191, 197, 205.

Chassenay, VIII, 126, 129, 131,
133, 153.

Chassin, VII, 208.

Chassinfour, VII, 209.

Chassingrimont, VIII, 31.

Chassy, II, 88, 156; IV, 244; V,
156; IX, II.

Chastre, IV, 290.

Châteaubodeau (de), VI, 56, 61.

Châteaubriand, VI, 148, 269.

Châteaufer, V, 175.

Château-Gordon, III, 7, 27;
VIII, 99, 100, 102; X, vi, 237
et s.

Château-lès-Bourges, I, 43 à 46;
II, 93; IV, 250, 270.

Châteaumeillant, I, 29, 270, 271;
II, 103; III, 108; IV, 124; V,
xiv, 27, 32; VI, iii, vii, x à xiii,
122, 283, 298, 326, 327; —
Notice historique, par E. Chénon, VII, 1 à 234; VIII, viii, 25
à 40; IX, v, viii, 11 à 22,
91 et s., 140, 151, 303.

Châteaumeillant (Adalard de),
VII, 43, 44; — Etienne, VII,
168; — Guillaume, VII, 168; —
Jean-Raymbaud, VII, 168; —
Hugues, VII, 168; — Pierre,
VII, 167, 168.

Châteauneuf, VII, 297.

Châteauneuf-sur-Cher, I, 54, 238,
270, 271; II, 53, 219, 250; III,
ix, 268; IV, 258; VI, 195, 283,
326; VII, 44, 170; VIII, 98.

Châteauneuf (de), I, 142, 143.

Château-Ponsac, V, vi.

Châteauroux, I, 269; III, 260;
VI, 135; VII, 50, 64, 70, 71, 111;
VIII, 340; IX, 83 à 104, 191,
216, 271, 323; X, vi, 92, 131,
270.

Château-Vert, II, 216.

Châteauvieux, VIII, 150.

Châteaux de la Motte, VI, 59 à
62, 68, 75.

Châtelain, II, 142; — Marc, VIII,
181.

Châtelet (de), I, 56, 270; II, 170,
174, 250; VII, 98, 111, 128.

Châtelet de Montigny (le), V, 5.

Châtelets (les), VI, 68, 89.

Châtelier (le), I, 34.

Châtelus, X, 116.

Châtillon (Jean-Baptiste), VIII, 149.

Châtillon (de), VII, 128 ; — Gaultier, IX, 84, 86.

Châtillon-sur-Indre, IV, 276.

Châtillon-sur-Loire, II, 168 ; VI. 195. 272 ; VIII, 98.

Châtres, VIII, 126.

Châtre (la), III, 203 ; VI, 122, 135, 194 ; VII, 21, 61, 63, 64, 73, 104, 111, 151, 190, 205 ; IX, 193, 201, 202, 203, 213, 233 ; X, 102, 105.

Châtre (de la), III, 217 ; V, 21, 186, 196, 218 ; VII, 291, 292 ; IX, 234, 245, 281, 286 ; — Anne-Victoire, V. 249 ; — Antoine, VII, 209 ; — Charles, VII, 117 ; — Claude, III, 189, 268 ; VI, 169 ; VII, 126, 127, 128 ; X, 131 ; — Jacques-Pierre, V, 206 ; — Jean, VII, 117, 209 ; V, 201 ; IX, 287 ; — Julie, V, 206, 218 ; — Hugues, VII, 194 ; — Louis, VIII, 130 ; — Marie, III, 268 ; — Marguerite, VIII, 130 ; — René, VII, 195 ; — Brullebaut, IX. 194, 201, 216 ; — Jean, VII, 196 ; — de Bourré et du Colombier, Jean, VIII, 233, 280 ; — des Varoux, IX, 266 ; — duc de, VIII, 114 ; — maréchal de, II, 68.

Châtre-Langlin (la), X, 106.

Chaudière (Jean), I, 134, 135, 247.

Chaudry, V, 151, 153.

Chaume (la), VI, 120 ; — de Balletan, X, 156 ; — de Saint-Ladre, X, 156.

Chaume (de la), IX, 232.

Chaumelle (la), II, 332.

Chaumes (les), III, 209, 226, 229 ; IX. 219, 238, 269.

Chaumes - Poulinières (les), II, 62.

Chaumeau, I, 7, 240, 280 ; II, 267 ; III, 48 et s. ; VII, 39, 52, 56, 288.

Chaumereau, II, 35 ; IX, 97.

Chaumont, IX, 211.

Chaumont-sur-Loire, II, 307.

Chaumoy (le), VIII, 269.

Chaussé, VI, 195 ; — Silvain, VIII, 280.

Chaussée (la), V, 202.

Chaussée (Alfred de La), I, 60, 75 ; II, 51. 335 ; III, VII, 8, 14. 298 ; IV, III, 5. 7, 9, 17, 40, 41, 161, 173, 174 ; V, II, 1, 4 ; VI, 95 ; IX, 301, X, 281 ; — Edgard-Vivier, III, 8, 234 ; IX, 73 à 76. 318 ; — Élisabeth-Zénobie, V, 215.

Chaussée (tour de la), II, 3, 219.

Chautay (le), I, 174, 176. 177, 179.

Chauton (Catherine), V, 141.

Chauveau, II, 209.

Chauvet, IX, 188.

Chauveton (Claude), II, 195 ; — Denouet, Louis, VIII, 158.

Chauvigny (de), IX, **x**, 83 à 104, 142.

Chavannes, VIII, 293 ; IX, 211, 246, 261, 263, 277, 283, 304 et s.

Chavaudret, X, 238, 240, 242, 251, 260, 268.

Chaverlonge, VI, 182, 183.

Chavignol, X, 254.

Chavy (Léonard , II, 115.

Chayer, VIII, 141, 147, 179.

Chayla (du), V, 244.

Chazelet, VIII, 31.

Chazereau, I, 326 et s.; II, 55, 328 ; IV, 179.

Chedeville, X, 132, 232.

Chedin, II, 90, 93, 115, 119, 182.

Chemeliers, VII, 75.

Chemillé, IX, 144, 152.

Chemin de la Lune, VI, 36, 52, 55, 81, 83 ; — ferré, VI, 70, 72, 73, 80, 83, 87 : — antiques, VI, 31 à 39, 47.

Chenevière, III, 177.

Chénon, II, **III** : — Emile, VI, **III** ; VIII, LXXIV, 25 ; IX, VIII, 11 à 22 : X, **v**, 91 à 127, 294 : — Etienne, VII, 199 ;— Luc, VIII, 159, 193 : — d'Acre, Édouard, VII, 198 : — de Planchoron, Luc, VII, 199 ; — de Saint-Janvrin, Étienne Luc, VII, 191, 197, 205.

Chenu, III, 76, 79, 80, 82 ; IV, 288, 305 ; IX, 195, 200, 237, 249, 250 ; — Françoise, V, 176; - Jacques, I, 219 ; — Jean, I, 233, 239, 240, 249, 250 ; V, 162 à 165, 170, 176, 177 ;—Jeanne, V, 177, 184 ; IX, 261, 274 ; — Marie, III, 223 ; IX, 200, 242, 287 : — Michel, II, 111 ; — de la Motte, VIII, 313 ; IX, 197, 198, 223 ; — de Thuet, VIII, 302.

Cher (rivière), I, 25, 26, 36, 47, 49, 54, 56 ; VI, x, 65 ; VIII, 111, 115, 119, 126.

Cherbonnier, III, 13.

Cheri, II, 170, 174.

Cheron, IX, 199, 200, 220.

Cherrier, II, 136, 170, 186, 187 ; III, 230, 257, 263.

Chesnay (Silvain), VIII, 180, 181.

Chesne (le), VIII, 170, 185.

Chevalier, I, 214, 228, 231, 233, 249 : IX, 218.

Chevalier de Saint-Amand, VIII, 352, 353 ; X, 299.

Chèvre (du), IV, 256, 289, 306. (V. Duchèvre).

Chézal-Benoit, I, 54 ; III, 121, 137 : VII, 285 à 289 ; IX, 135, 146, 155.

Chezal-Chauvier, IV, 255.

Chezeau-Brethon, IV, 350.

Chezenais (Julien de), VII, 207.

Chifelet, I, 202.

Chipou, III, 241, 243 ; V, 155.

Choiselles, V, 129.

Choiseul (de), I, 197 ; V, 235 ; VIII, 334.

Chollet, I, 240. 283 ; VIII, 222 ;
IX, 229, 253, 264 ; X, 241, 242 ;
— Barthélémy, II, 158.

Chonez, V, 27, 60.

Chopin, I, 262.

Chou, I, 15, 21 à 25 ; IV, VIII ;
V, 170.

Chouet. IV, 331.

Choulot (de), I, xv, 295 à 312 ; II,
II, 247 ; VIII, XI ; X, XIII.

Chrétien (Étienne), VIII, 183.

Chulembergz, I, 236.

Cicé (de), I, 190, 196, 202, 203.

Civray, III, 261 : VIII, LXXXVI.

Clairveaux, III, 207.

Clamecy, VIII, 292.

Clamecy (de), II, 68.

Clamecye (la), I, 227.

Claveau, I. 135 ; IX, 192, 205 ; —
Jean, V, 118, 119 : — Marie,
V, 119, 178 ; — Vincent, IX,
282.

Clavier, IV, 110.

Clavières (les), III, 235 : V, 164,
175, 183, 185, 193.

Clément, II, 159 ; — Ambroise-
Julien, IX, 303 et s.; — Pierre,
II, 3, 8, 12.

Clément V, pape, IX, 305.

Clément XI, pape, III, 244.

Clémont, I, 54 ; II, 55, 79 : V,
24, 29, 35, 324, 325 : VII,
94.

Clérambault (de), V, 13.

Clérembault (Maréchal de), I.
234 ; VI, 201, 238 ; VIII, 236,
238, 239.

Clérendry, III, 177, 240 ; IX, 227,
235, 247, 268, 275.

Clerfont (grand), VII, 193, 194 ;
— (petit), VII, 194.

Clerjaud, II, 192 ; III, 83 ; IV,
250, 264, 265, 266 ; IX, 196.

Clermont, II, 98, 267, 277, 281 ;
VI, 289 ; VII, 16 ; IX, 130, 139,
240, 308.

Clermont (Georges de), III. 268.

Clèves (de), VIII. 3 ; — Catherine,
VII, 117 ; — Charles, VII, 101 ;
— Engilbert, VII, 100, 101, 102 ;
— François, VII, 105, 115, 117 ;
François II, VII, 117 ; — Jac-
ques, VII, 117 ; — Marie, VII,
117 ; VIII, 127.

Clois, V, 168.

Closel (Louise du), VIII, 135,
137.

Closlandry, IV, 323 ; IX, 260.

Clotaire II, VI, 138.

Clouet, II, 124.

Clous (les), VI, 33, 41.

Clozin (Julien du), VIII, 160.

Cluis, VII, 61 ; IX, 160.

Cluys-Dessus, VI, 195.

Cluny, I, 196 ; IX, 138.

Clutin (Marie), III. 268.

Cluzay (le), IX, 196, 209.

Cluzeau (le), IX, 212, 233, 254,
282.

Cocherel, VII. 294.

Cochet (l'abbé, II, 30, 35, 36 :
III. 9 et s.; IV, 45, 69, 71, 75,
81 ; V, II, 4, 41 ; — Charles,
VIII, 271.

Cœuilly, IX, 194, 243.

Cœur (Geoffroy), II, 9 ; — Jacques, II, xi, 1 à 20, 219 ; — Perrette, VIII, 302.

Coffin, II, 346.

Cognac, I, 138, 155.

Coing (du, ou Ducoing), I, 135 ; VI, 175, 249 ; IX, 191, 219, 234, 238, 285 ; — Guillaume, III, 238, 279 ; — Jeanne, III, 208, 226 ; — d'Acon, IX, 285.

Colas des Francs (Marie-Claude), V, 206.

Colasson (Etienne), V, 114, 115 ; — Ozanne, V, 115.

Colb-Bernard, I, 197.

Colbert, I, 137, 144, 146 à 150, 157, 262, 294 ; II, ii, 217 ; III, 223 ; VI, 238. 242.

Colet-Messine, II, 206.

Colin, IX, 243 ; — Jean, IV, 245 ; — de Plancy, VIII, 44, 46.

Colladon, III, 77, 82, 83 ; VIII, 242 ; IX, 255.

Collas (Jean), VI, 195.

Collet, IX, 285.

Collin de la Minière (Arthur), V, 209 ; — Emilien, V, 209 ; — Henry. V, 209 ; — Luc, V, 209 ; — Pamphile, V, 209 ; — Sidonie. V, 209 ; — Sophie. V, 209 ; — Sylvain, V, 209.

Colmieu (Jean de), II, 70.

Cologne, III, 100.

Colombel, VIII, 295.

Colombel (de), V, 294 ; — Amélie-Françoise-Marie, V, 229 ; — Louis-Alfred, V, 229.

Colombier (Marie), VIII, 269.

Colombier (le), III, 223 ; VIII, 233, 280.

Colombiers (les), IX, 245.

Comacre (de), III, 191, 219, 221.

Combes (les). III, 179 ; V, 168.

Combès de l'Estang (Louis), VII, 196.

Comité des travaux historiques et des Sociétés savantes, VIII, xxix.

Comité diocésain d'histoire et d'archéologie, III, xii ; VIII, 359 ; X, 272.

Commentry, IX, 1, 2.

Comminges, VII, 102, 105.

Commission d'antiquités, d'histoire et de statistique. VIII, 354, 355.

Commission ou Société historique du Cher, I, 54 ; III, xii, 13 ; V.II, 356, 357.

Communaux de Bourges, VI, 189 à 199.

Compain (Yves), VIII, 168.

Comte (Le), I, 164, 167 ; — Jean-Nicolas, VIII, 164 ; — de Bièvre, Jean, VIII, 172, 174 ; — de Bourdaloue, Claude, VIII, 178 ; — de la Guérinière, Nicolas, VIII, 173, 171 ; — de Molineuf, Pierre, VIII. 171.

Conan de Prépéan, IV, 331 ; VIII, 303.

Concressault, I, 270 ; II, 69.

Condamine (de la), du Bouchard, VIII, 263.

Condé, V, 28, 34 ; VII, 10, 74, 76.

Condé (prince de), I, 135, 159, 212, 215, 216 ; VI, 177, 180 ; VIII, 212, 222, 224.

Conguy. X, 132, 232.

Constantinople, III, 100, 183.

Conti (prince de), VI, 196 ; VIII, 222, 224, 226, 228 ; IX, 259.

Contremoret, III, 179, 192, 237 ; IV, 324 ; IX, 220, 260, 272.

Contres, I, 18, 68 ; III, 204, 245, 248, 250 ; IV, 42 ; IX, 204, 244, 274, 287.

Convers, VII, 127.

Coquebelande, III, 178 ; IV, 264 ;

Coqueborne (René de), III, 251 ; — de Fussy, IX, 191, 206, 254.

Corbeau-Aignan, VIII, 192.

Corbeil, VI, 155.

Corbet, V, 140, 146.

Corbin, I, 288 ; II, 193, 195 ; III, 75, 78, 82 ; V, xv ; VIII, 335 ; IX, 248, 265, 287 ; — Adrien, I, xiv, 313 à 323 ; III, iv, 289 ; — Etienne, III, 209, 226, 279 ; — François, III, 209 ; — Guillaume, III, 226 ; — de Grand-Champs, VIII, 312 ; — des Chaumes, IX, 219, 238, 269 ; — d'Houet, IX, 213 ; — Mengoux, VIII, xxxvi.

Corcaget (Pierre de), VII, 71, 73.

Cordeliers de Bourges (les), I, 208 ; IX, 197, 206, 233.

Cordes, VI, 286, 290.

Cordier (Claude-René), V, 232 — Clément, V, 232 ; — Etienne, V, 231 ; — Guillaume, V, 232 ; — René, V, 232 ; — de Montreuil, Charles-Armand-Marie-Alfred, V, 236 ; — Eugène-Philippe-Léon, V, 231 ; — Hélène, V, 236 ; — Marie-Joseph, V, 231 ; — Marie-Léonie-Jeanne-Antoinette, V, 237 ; — Marie-Léonide-Françoise-Eugénie, V, 233 ; — Marie-Léonie-Solange-Rose-Charlotte, V, 238 ; — Suzanne, V, 236.

Cordouan (Anne-Henriette de), III, 216 ; — de Langey, René, III, 216.

Cormeray, VIII, 160.

Cormier, VI, 195 ; VIII, 249 ; — Catherine, V, 200.

Cornançay, VII, 116.

Cornillat, IX, 280, 282.

Cornuel, VI, 175 ; IX, 199.

Corpoi (le), IX, 277.

Corporations, X, 134, 138 et s.

Corps de métiers d'Issoudun, X, blé, 158 ; — bois, 169 ; — bouchers, 171 ; — boulangers, 158 ; — cabaretiers, 184 ; — chapeliers, 195 ; — charpentiers, couvreurs et maçons, 212 ; — charrons, 218 ; — cordiers, 221 ; — cordonniers, 202 ; — cuirs, 201 ; — draps et serges, 187 ; — gibier, 182 ; — foulons, 187 ; — hôtelliers, 184 ; — huile, 180 ; — manou-

vriers, 217 ; — merciers, 196 ; — métaux, 219 ; — meuniers, 158 ; — pain, 158 ; — parcheminiers, 216 ; — pâtissiers, 167 ; — pelletiers, gantiers et mégissiers, 215 ; — poisson, 177 ; — revendeurs, 181 ; — selliers et bourreliers, 208 ; — serruriers et maréchaux, 219 ; — serviteurs, 222 ; — suif, 179 ; — tailleurs, 199 ; — teinturiers, 198 ; — tisserands, 187, 210 ; — toiles, 210 ; — tonneliers, 167, 169 ; — viande, 176 ; — vignes et vignerons, 164 ; — vins et vinaigres, 148, 166, 168 ; — volailles, 182.

Corquoi, II, 69, 219.

Correspondance de M. Pajonnet, prieur d'Allichamps avec divers savants, par M. Cartier de Saint-René, VI, 299 à 321.

Cors, II, 53, 68.

Corsan, IX, 250.

Corser (Étienne), VIII, 150.

Corvol (Charlotte-Clémentine de), III, 262 ; — de Maubranches, Jean-Baptiste, III, 262, 279. (V. Courvol.)

Cosnay, X, 125.

Cososus (Mars), IV, 110.

Cossin, VI, 248.

Cosson, II, 42.

Cossons (les), V, 204.

Coste (Françoise de la), V, 202.

Cotardière (Robin de la), VII, 160, 209, 214.

Cotay ou Cottet (le), VII, 194.

Côte-Saint-André, VI, 151.

Cotignon, IX, 221.

Couarde (la), X, 107.

Couasnon (Jean-Octave), V, 207.

Coubles, VIII, 210.

Couchet (Sylvain), VIII, 148.

Coucy, VIII, 126 ; IX, 85 à 89, 95.

Coudraye (la), II, 32, 64 ; III, 194.

Coudray (le), IV, 276 ; V, 145, 169.

Coudray (Étienne), VIII, 183.

Coudre (la), V, 166.

Coudrée, IX, 267.

Coudron, VII, 130 ; IX, 247.

Couhé de Lusignan (de), III, 78 ; — Louis, VII, 129 ; IX, 231.

Couet (Guillaume), VIII, 145.

Cougny (de), III, 99 ; IX, 238, 262 ; X, 79 ; — Marie, V, 249 ; — Nicolas, V, 249 ; — Pierre, 249 ; — de la Presle, Marie, III, 264.

Coulanges, VIII, 159 ; IX, 264.

Couldron, IV, 253.

Coulers, III, 220.

Coulers (les), V, 185, 188, 193, 198.

Coullons, VI, 71, 84.

Coulogne, VIII, 268.

Coulogne (de), VII, 277, 309.

Coulon, II, 90 ; VII, 204 ; IX, 201, 205, 239, 264, 269.

Coultau (le), IV, 284.

Coupoy (le), IX, 201, 216.

Cour (la), IX, 192.

Couraul de Lesveillères (Benjamin de), VIII, 150.

Courçay, VIII, 153.

Courcelles, III, 180 ; IV. 251, 305.

Courdoux, IX. 231, 263.

Courpoy, III, 222, 227, 228.

Cours (les), VIII, 33 à 39.

Courtenay (Jean-Marie de), III, 194 ; — Joseph. III, 193.

Courte-Souppe, III. 219.

Courtieux, V, 5.

Courvol (Jean de), V, 132 ; — Marie-Thérèse, V, 245 ; — Philippine, V, 132.

Cousin, IV, 255, 306 ; — Catherine, V, 115 ; — Jean, V, 115, 146 ; — Nicolas, V, 115.

Coust, V, 23, 29, 35 ; VI, 116.

Coust (les), VII, 108, 160, 195, 209.

Coustin de Sazeirat (de), IV, 278, 306.

Couturier, IV, 255. 256 ; VI, 269 ; IX, 247.

Couvrelle. V, 236.

Coypel (Marie), VIII, 273.

Craon (Isabeau de), VII, 89.

Crébillon, II, XIII.

Crécy, III, 262 ; IV. 298.

Creil, VI, 147.

Creudalle de Chambreuil (Julie-Constance), V, 238.

Créquy (de), I. 118.

Crésançay, VI. 206 ; IX. 212, 214.

Creusée (la), III, 204.

Creusée (de la), VI, 205.

Creuset (le), VI, 116 ; X, 290.

Creux (le), IX, 202, 260, 275.

Cristo, I, 247, 251, 277.

Crochet, IV, 252, 306 ; Jean, VIII, 147, 167.

Croï (de), VII, 1.

Croix (la), III, 230 ; IV, 295, 296 ; IX, 245, 277, 280, 285.

Croix (Gabrielle de la), V, 118.

Croix-Moult-Joie, IX, IV ; — Oudry, X, 255 ; — Saint-Ladre, X, 254, 255.

Croizette (la), VII, 305 à 308, 312, 314.

Cromlechs intérieurs, X, II, 8 à 11.

Cronopiles, IV, 174.

Crosses, V, 203 ; VI, 311.

Crû, IX, 270.

Crublier de Chandaire (Jeanne-Louise), III, 251, 263 ; — Léon, III, 263, 279 ; — de Miran, Anne, V, 207 ; — du Casson, IX, 191, 197, 198, 206.

Cubeuil (Gabrielle), V, 239.

Cugnac (François de), VIII, 129.

Cujas, I, XI, 164, 166, 167, 256 ; II, XV ; V, 29, 30, 35, 162 ; — Jacques, VI, 165.

Culan, I, 56 ; IV, 125 ; V, 28, 34 ; VII, 1, 17. 21, 111, 128, 166 ; IX, V. 260.

Culon (ou de Cullon), II, 192 ; VIII, 209 ; IX, 289 ; — Jean-Armand, VIII, 194, 198 ; — Louis - Alexandre, VII,

194, 198 ; — de Trois-Bri-
oux, III, 228 ; IV, 331 ; VIII,
305.
Curat (la', X, 98 et s.
Curten (Félix-Ernest-Gustave de).

V, 236 ; — Marie-Thérèse-Adè-
le, V, 236.
Cusset, II, 288 ; VI, 113.
Custine (de), V, 235.
Cy nous dit, II, 18.

D

Dabert (François), V, 170 ; —
Françoise, V, 170.
Dabin, VIII, 141, 158.
Dace (la', VIII, 228.
Dadon (Pierre), VIII, 283.
Dagobert, I, 188 ; VI, 138.
Dagois, II, 174.
Dagoret de François de Boisgis-
son, VIII, 305 et s.
Dagu, III, 82.
Daiguzon, IV, 156.
Dalonus, IV, 124.
Damas, IX, 89 à 97.
Damas (Jean de', VII, 287.
Dambin, VIII, 146.
Dames, III, 178 ; V, 190 ; VI, 81,
82, 86 ; VIII, 336, 345 ; IX xv,
189, 195, 228, 234, 259, 269,
287.
Damonville, I, 203.
Damourette (l'abbé, X, 125.
Damours, III, 75, 77, 85 ; VIII,
222, 268 ; IX, 286, 287 ; — Gil-
les, IX, 283 ; — Marie, V, 205 ;
— Magdelaine, V, 165 ; — de
Boissaujeu, IX, 216, 228, 234,

266 ; — de Vauvert et de Bois-
aujeu, Étienne, VIII, 235.
Dampierre, II, 72 ; VIII, 129 ; IX,
135.
Dampierre (de), V, 235 ; — Ma-
rie, VIII, 115.
Danguilhe, VIII, 331.
Danié, IV, 283, 306 ; — Espé-
rance-Claire, VIII, 301.
Danjou, II, 137 ; VI, 236 ; IX,
228, 238, 279, 290 ; — André,
II, 195 ; — de Moison, IX,
212.
Dardare, II, 346.
Dardeau, VIII, 350 ; IX, II, 317.
Dargent, IX, 230.
Darnaud de Châteauvieux (Anne-
Léontine), V, 275.
Darrot (Olive), VIII, 134.
Dassy, IX, 289.
Dauban, II, 117.
Daubigny, II, 192, 194.
Dauboitay de Lebron, IX, 191,
233, 261.
Daulezy du Molin (Phillebert),
VIII, 159.

Daulne, IX, 256.

Daugran (Hugues, VI, 143.

Daveau Claude), VIII, 152.

David, VI, 269, 276 ; IX, 283 ; — Denis, III, 176.

Deballe, IX, 323.

Debègues (Pierre), VIII, 182, 183 ; — du Roltay. Pierre François, VIII, 140.

Debisc, II, 97.

Debray, I, 141.

Debrielles, IV, 289 : — Jacques, V, 165.

Debrinay (Guillaume , VIII, 182.

Dechampeaux (Jean , VII, 200, 209, 210.

Déchaux, II. 193.

Decize, III, 39 : VI. 268, 269 : VII, 25.

Déesse de l'Abondance, IX, xv.

Déesses-mères, I, 76, 77, 78.

Defais (Jean), VIII, 145.

Défaite des Hérétiques, IX, xvii.

Deffant (Mme du . II, xii.

Deffens, II, 196 : III. 176. 181, 188, 192, 201. 203. 205. 208. 210, 213, 214, 215. 216, 219, 220, 221, 225, 234, 235, 250, 270 : IV, 256, 322 : V, 134, 148, 223 : VIII, 346 : IX, 204, 220, 226. 230, 252, 257, 262, 265, 272, 273.

Deffens (abbé de . III. 211. 214, 229.

Defougères, VI. 323 à 328.

Dehaire, VI. 178.

Delaage (Gabriel), VIII. 193.

Delacroix, IX, 188.

Delafontaine (Adam), VIII, 181.

Delafosse, X, 54, 63, 83.

Delait (Sylvain), II, 85, 91.

Delalande, VIII. 168, 181, 182.

Delamouche (Pierre), VIII, 147.

Delarue, II. 119 ; IV, 270.

Delàtre le R. P.), VIII, lxxxvii.

Delaune. VIII, 146.

Delavarenne, VIII, 162.

Delisle (Léopold), I, 97 ; X, 239.

Delorme Maria), VIII, 189.

Demmin, II, 308, 310 ; — Auguste, III, 160.

Dennery Guillaume), VI, 341.

Denis Anne-Louise), V, 129 ; — Guillaume, V, 129 : — Pierre, VI, 248.

Déols, I, 20, 159 ; III, 123, 137 ; V, 21 : VI, 122 : VII, 3, 32, 44. 49, 59, 60, 61, 98, 103, 125, 171. 172, 174 : IX, x, 129, 137, 138. 139. 143. 320.

Déols (Agnès de). VII, 74 ; — Denise, VII, 63, 64 : IX, 83 à 104 : — Ebbes. VII, 67 à 71, 74. 160 : — Ebbes II, VII, 61, 63 ; — Eudes, VII, 43, 63 à 66, 71 : — Guyotte. VII, 74 : — Isabelle, VII, 74 : — Mahaud, VII, 74 : — Marguerite, VII, 74 : — Marguerite, VII, 74. 160 ; — Raoul. VII, 65, 66. 67 : — Raoul V, dit Thibaut, VII, 44, 45, 46 : — Raoul VI, le

Vieil, VII, 47, 60, 61 ; — Raoul VII, VII, 63.

Depardieu (Simon), VIII, 214.

Depuichaut, II, 145, 150.

Dermotypotemnie ou manuscrits en découpures, I, xii ; II, iv.

Desages (Balthasar), VII, 205 ; — Bonaventure, VII, 197 ; — François, VII, 205 ; — Gilbert, VII, 197 ; — Jacques, VII, 193 ; — de Montluçon, VII, 197.

Desbans, IX, 204, 217, 275.

Desbarres, III, 236.

Desbourdiers, IV, 285.

Deschamps, II, 100 ; VIII, 264 ; IX, 237, 238, 241 ; — Guillaume, VI, 225, 227, 230 à 233, 237.

Description des sculptures du portail de la cathédrale de Bourges avant leur restauration, par le baron de Girardot, VII, 249 à 272.

Descuillay (Barthélemy), VIII, 133.

Desessarts, II, 270.

Desfriches, IX, 237, 250, 258.

Desgardes, IV, 274.

Deshaies, VI, 229.

Desiderius, VII, 33.

Desjardins, IV, 289.

Desjobert, V, x : — Charles, VII, 195 ; — Jean, VII, 195, 196.

Desloges (Thomas), VIII, 182.

Desmaisons, X, 260.

Desmanches (Jacques), VII, 315, 316.

Desmiers de Chénon (François-Henry-Paul), V, 217 ; — Louis-Marie-René, V, 217.

Desnoyers, IV, 341.

Desor, III, 10.

Desormeaux, I, 135, 141, 153.

Després, I, 197 ; II, 124, 192 ; IX, 229, 237, 273 ; — Claude, III, 209, 241 ; — Gaspard, III, 241, 242, 279.

Desréaux, VIII, 344.

Desroisiers (Anne), VIII, 135, 137.

Dessaux, IX, 218.

Dessertis, II, 22.

Deux-Ponts (duc de), VII, 54.

Devallières (Pierre), II, 158.

Devanne (Louis), VIII, 271.

Devaux, I, 141, 152.

Develacour, IX, 221.

Devignolles, IX, 223.

Devineau (François), VIII, 145.

Dèvre, X, 252.

Dey de Séraucourt, IX, 209, 210, 241.

D'Huizon, VI, 83.

Diable meunier (le), X, 127.

Didier (Thomas), VI, 248.

Dié (Hugues de), VII, 46.

Digoine (de), VIII, 128.

Dijon, VI, 133.

Dinay, VI, 194.

Diogènes, IV, 187.

Dion (de), II, 77.

Diptyques de Bourges, IV, 178.

Diry (Jean), II, 197.

Disposition du testament de Colbert, par le comte de Choulot, II, 217.

Divinités païennes de Lacs, X, v, 117 et s.

Divor (Catherine), III, 225.

Divoy (Catherine), V, 150.

Dix-huitième siècle (étude sur le), par Hiver de Beauvoir, II, x.

Doazan (Anne-Honorine-Désirée), III, 229 ; — Gustave, III, 229 ; — Matthieu-Éloy, III, 229.

Dodart, II, 196 ; V, 127, 133 ; VIII, 335, 339, 343 ; — Anne-Cécile, V, 133 ; — Anne-Louise-Marguerite, V, 131 ; — Anne-Séraphine, V, 130 ; — Charlotte-Séraphine, V, 133 ; — Claude-Jean-Baptiste, V, 128 ; — Charles-Marie, V, 127, 130 ; — Denis, V, 128, 129 ; — Louis-Denis, V, 130 ; — Marguerite, V, 129 ; — Marie-Agathe, V, 130.

Dol, IX, 217.

Dollet de Chassenay, I, 197.

Domat, I, 252.

Domeray, V, 234.

Domnea, IV, 144.

Donin de Rozière (René), VIII, 311.

Donjons (les), VI, 66, 70, 89, 119.

Donzy (Agnès de), VII, 62.

Dorat (dit Villemont), II, 122, 136.

Dordel, VIII, 191.

Doreau, II, 118.

Dorguin (Jean-Baptiste), VII, 193, 196, 206 ; — des Bergeries, IX, 193, 202.

Dorsanne, I, 245 ; III, 75, 76, 80 ; IX, 213, 216, 259 ; X, 132, 232 ; — Antoine, I, 249 ; — Charles-Martin, III, 262 ; — Claude, I, 249 ; — Françoise, III, 239 ; — Marie, I, 240 ; — de Coulon, II, 30 ; — IX, 201, 205 ; — de Fontissaut, VII, 206 ; — de Métolles, IX, 260 ; — de Sarragosse, IX, 279, 283 ; — de Thizay, IX, 247, 280.

Douadic, VI, 343 ; IX, 320.

Douard, IX, 250.

Douard (le), VIII, 169, 171, 182.

Doublets de la langue (les), par Catherinot, VIII, xxxii.

Doué, VIII, 193.

Douée (la), I, 198.

Douet d'Arcq, II, 267.

Douet de Vichy, IX, 304 et s.

Doulcerin (Jean), VIII, 147.

Doulceron (Jacques), VIII, 179.

Doulçay, VIII, 110, 154.

Doulé, II, 194.

Doullé, III, 76, 78 ; VIII, 264 ; IX, 193, 194, 197, 218, 219, 239, 240, 253, 257, 272, 274 ; — Catherine, III, 178 ; — Guillaume, III, 177 ; — du Mollin du Pont, Guillaume, VIII, 152.

Dourdan, II, 273.

Dournon, IX, 201, 216, 221, 222, 272, 274, 289.

Doye (la), V, 118.

Drevant, I, iii, 15, 25, 26, 31, 32, 73 ; IV, 113, 120, 124, 132 ; V, 16, 24, 34 ; VI, iv, x, 43, 283, 286, 289, 290 ; VII, 25, 26, 31.

Dreu de Voudenay, VIII, 127, 128.

Dreux, VII, 91, 92, 95, 97.

Drognat (Jeanne-Marie), V, 204.

Droit (le) du treizième sur le vin vendu en détail à Bourges, par E. Toubeau de Maison-neuve, IV, 211 à 239.

Drouet, IX, 198, 207, 214 ; II, 329 ; — Jean, I, 249.

Drouillard, IV, 280, 306.

Drouin de Vaudeuil, IX, 304 et s.

Drulon, VII, 89.

Drusilla, IV, 107 ; X, 87.

Duaren, I, x, 164, 166 ; II, vii, xi.

Dubet, III, 77 ; — de la Rongère, IV, 293, 298, 306 ; IX, 260, 272, 274, 289.

Dubois, IX, xiii, 238 : — Alexis, I, 332 : — Antoine, VIII, 162 ; — Christine, VIII, 152, 153 ; — Jacques, VIII, 149 : — Jean-Baptiste-François, II, 87, 188 ; — de Bélair, Jean, VIII, 139 : — de la Tranchée, Gabriel, VIII, 140, 188 ; — de Montigny, V, 202 : — de Sauveterre et Chabris, Jehan, VIII, 162, 186.

Duboisragot, X, 132, 232.

Dubost (Gargilesse), II, 85, 93.

Dubreuil (Hector), VII, 290, 291, 305, 306, 307, 310, 311, 312, 313, 316.

Dubuisson, II, 192 : — Marie-Rosalie, II, 103.

Ducerceau, IX, 276.

Duchalais, II, 329.

Duchèvre, III, 204 : — Jeanne, III, 238 ; — Marie, V, 119. (V. Chèvre.)

Ducreuzet, VII, 212.

Ducrot (Henri), VIII, 142, 143.

Ducour, VIII, 191.

Dufour, VIII, 8 : — Marie, VIII, 159 ; — Sylvain, I, 251, 270, 271.

Duguesclin, I, 115.

Duguet (Paul), VIII, 157.

Duleau (collection du Dr), III, 307.

Dumas, III, 83.

Dumont, III, 230, 232.

Dumoulin, I, 252, 256 ; III, 83 ; IX, 243 ; — Marie, VIII, 280.

Dumoutet, I, 31 ; II, 30 ; III, ix, 92, 96 ; IV, 11, 17, 116, 144, 151, 158, 159, 172 ; V, 16 ; VIII, 353.

Dun-le-Palletau, X, 116.

Dun-le-Roi, I, 15, 18, 54, 59 à 81, 114, 268 ; II, 51, 74, 332 ; III, ix, 97, 116, 192, 201, 208, 210, 245, 268, 270 ; IV, 42, 255 ; V, 28, 33, 94, 110, 114 ; VI, 115, 139, 140, 194, 211 ; VII, 128 ; IX, v, 196, 201, 210, 225 ; X, 292.

Dun-sur-Auron, II, 93. 94, 96, 118, 152.

Dunois, IX, 110.

Duperrin, VI, 310.

Duplan, VI, 61.

Dupin, II, 230.

Dupont, V, 112 ; — Pierre, VIII, 157.

Dupont, cardinal-archevêque, IX, 160.

Dupré, II, 196.

Dupré de Saint-Maur, II, 208 ; VI, 304 ; VIII, 343 ; IX, 304 et s. ; — Adelaïde, III, 262 ; V. 132.

Dupuis, IV, 245.

Durand, II, 297 ; III, 59 : VIII, 184, 219 ; — Claude, VIII, 148 ; — Vincent, VII, 7 ; — de Chartres. II, 17 ; — de For-

gues, de Pougny, de Coultau, de Grossouvre, IV, 283, 284, 307.

Dureau, I, 39 à 41, 47 à 53 ; VI, 11, 15, 19, 56.

Dureaux (les), II, 72.

Durechaut de la Valette (Pierre), V, 130.

Durieux (Léon), VII, 194.

Durey de Bourneville, IX, 304 et s.

Duroisel, I, 60, 68 ; II, 51 : IV, 44, 54.

Durzy, X, 132, 232

Dussar, V, 158.

Duval (Jehan). VIII, 177.

Duvergier, III, 279 ; — Claude, III, 180 ; IV, 322.

Duvillage, II, 194.

E

Eboracum, V, 95.

Ébrard (abbé), VI, 47.

Ebrard d'Issoudun, VIII, 111.

Ebrégisile, VI, 138.

Échalusse I', II, 66.

Echardeaux (les), VIII, 126.

Echerges (Eustache des), VII. 202.

Echevinage et municipalité de Bourges. VIII. 243, 244, 252.

308 ; IX, 196, 198, 200, 202, 204, 207, 208, 209, 211, 218, 221, 225 à 228, 230, 232, 234, 244, 251, 253, 254, 255, 258, 263, 268, 280, 286.

Éclopé (l'), III, 244.

École de droit de Bourges, VIII, LXIII ; IX, 213, 215, 223, 225, 226, 227, 242, 243, 244, 248, 251.

Économie agricole d'un domaine

féodal au xiii⁰ siècle, par L. de
Raynal, IX, x, 23 à 71.

Édit sur les monnaies. X, 133,
154.

Egault, VIII, 355.

Egger, IV, 179.

Egidius, X, 261.

Églises du Berry, III, 91 à 157.

Églises, chapelles et paroisses
de Bourges, II, ix, xii, 107,
194, 391 et s. ; VIII, 211, 212,
216, 221, 233, 261, 262, 263,
269, 272, 275; X, 245, 246,
249, 260, 270; — des Carmes,
II, 107 ; III, 213 ; IV, 258, 303 ;
VI, vi ; VII, iv ; — Notre-Dame
de Montermoyen, I, 187 à 189,
203, 220 ; III, 73, 74, 78 ; IV,
287, 292; V, 149, 173 ; — Notre-
Dame de Sales, I, 206, 333 ;
III, 153, 203 ; IV, 40 ; IX, 76,
135, 139 ; — Notre-Dame des
Champs, VI, 234 ; — Notre-
Dame du Fourchaud, I, 206,
221, 290, 291 ; III, 73, 77, 182,
204, 224, 225 ; IV, 255, 271,
272 ; V, 165 ; IX, 192, 195, 196,
197, 198, 200, 202, 203, 206,
211, 213, 218, 220, 222, 226, 229,
230, 231, 235, 242, 250, 275,
282 ; — Oratoire Saint-Hyppo-
lite, I, ix, x, 159 à 167, 186,
208, 329 ; II, v, vi ; III, 153 ; V,
97 à 106 ; — Saint-Bonnet, I,
208 ; III, 60, 73, 80, 90, 151,
152 ; V, 29, 34 ; — Saint-Étien-
ne (cathédrale), I, 90, 126, 205,

333 ; II, vii ; III. 90, 112,
117, 134, 146, 150, 152, 155 ;
IV, 193 à 210, 245 à 249,
252 ; V, 28, 31, 124, 151, 153,
183 ; VII, 249 à 272, 280 ; VIII,
355 ; IX, xv, 195, 202, 204, 217,
218, 227, 239, 247, 254, 258,
271, 272, 275, 283, 285, 289 ; X,
84 ; — Saint-Fulgent, I, 163,
183 à 210, 220 ; III, 58, 73, 83 ;
IX, 218 ; — Saint-Jean des
Champs, I, 46, 207 ; III. 58, 73,
79 ; VI, 234 ; — Saint-Jean le
Vieil, I, 162, 206, 212 ; III, 73,
74, 75, 131 ; IX, 218 ; — Saint-
Lazare, I, 207 ; III, 62 ; — Saint-
Loup, I, 46 ; — Saint-Martin
des Champs, I, 114, 207 ; III,
vi, 303 ; VI, 95 ; IX, 139, 226 ;
X, 69 ; — Saint-Médard, I,
209 ; III, 73 ; — Saint-Oustrille
du Château, I, 205, 233 ; III,
73, 74, 306 ; IV, 31, 35 à 38,
163, 170, 171 ; V, 87, 134, 135,
136, 153 ; VI, ii, 97 à 106 ; IX,
10, 248 ; — Saint-Oustrillet, I,
207 ; III, 73, 75, 247 ; V, 134,
138, 142, 150, 154, 156, 198 ;
IX, 212, 230, 249, 263, 271 ; —
Saint-Paul, I, 207 ; IX, 209,
275 ; — Saint-Pierre le Guil-
lard, I, 183, 193, 208 ; III, 73,
83, 90, 139, 151 ; IV, 255 ; V,
21, 28, 33, 98, 187 ; VI, 85 ; IX,
195, 197, 218, 259, 309 ; —
Saint-Pierre le Marché (Notre-
Dame, I, 208 ; III, 73, 90,

151, 152 ; IV, 302 ; V,
169 ; IX, 203, 209 ; — Saint-
Pierre le Puellier, I, 206 ; III,
73, 74 ; IV, 269, 347 ; V,
145, 180, 190 ; IX, 223, 263 ; —
Saint Privé, I. 115, 118, 209 ;
III, 62, 73, 81 ; — Saint-
Quentin, I, 209 : III, 62, —
Saint-Sébastien, VII, 138, 142 ;
— Saint-Ursin, I, vii, 90. 196,
206 ; III, 58, 73. 109, 219 : IV,
347 : VII, 133 ; — Sainte-Chapelle, I. 95, 96, 97. 118, 162,
184, 185, 196. 210 : II. 81, 268,
301 ; III, 149, 154. 192, 207 : IV,
209, 347 : V. 22, 23, 29, 35,
102, 104 ; VIII, 112, 161. 163,
164 ; IX. 193, 194, 197. 198,
210, 218, 219 ; — Sainte-Croix,
III. 58, 73 ; — Sainte-Jeanne,
I, 203 ; IX. xvi.

Élection de Bourges, IX. 204,
213, 229, 232, 237, 245, 253,
255, 257, 261, 270, 272, 273,
288.

Élections de la Généralité de
Bourges, VI. 135.

Elie d'Huriel, IX, 141. 161. 164.

Élisabeth de France, VI, 441.

Émeutes à Bourges, VI. 189 à
261 ; X, 149,

Émeutes à Issoudun, X, vi, 148
et s.

Enceinte de Philippe-Auguste,
à Bourges, par A. de Kersers,
III. 47 : V, 352. (V. fortifications.)

Enceintes de terre dans le département du Cher, par A.
de Kersers, I, vi, 13.

Encore Sancerre et le Château-
Gordon, par M. de Raynal, X,
237.

Enfers (les), V, 66 à 81.

Eugarauds (les), V, 201.

Ennordres, VI, iv, 71 ; VIII, 155.

Enseignements agricoles, IX,
25 à 71.

Entrains, V, 86 ; VII, 119.

Envermeu, IV, 70.

Épée gauloise en fer, trouvée à
Vornay, par P. de Goy, X, iii,
273.

Épigraphie romaine dans le département du Cher, par A.
de Kersers, IV, 103 à 192 ; V,
iv, vi. 27, 82 à 96.

Épineuil, I, 54 : II. 72, 85, 97 ;
VI. x, xi, 119 : VII, 23, 94, 107,
115. 117.

Épinière (l'), IV. 294.

Ermites (les), VI. 38. 64.

Ernault (Nicolas), VII, 152.

Ernodurum, III. 39 ; IV, 159.

Ervaux (d'), IX, 224.

Escalier de Ladevèze. IV. 282,
307.

Escalopier de l' ou Scala, Escale,
Scaliger, V. 229 : — Henry,
V, 228 : — Marie-Antoinette-
Charlotte-Louise, V. 228.

Esgny, IV, 296.

Eslettes, III. 11 et s.; IV, 75.

Esmoingt, IV, 331.

Esmon (Michel), VIII, 176, 177, 179.

Esquisses biographiques de l'Indre, I, xiv.

Essais généalogiques, par P. Riffé ; famille de Bengy, V, iii, 107 ; — Gassot, III, iv, 167 ; IV, 319 ; — Hodeau, VIII, 267 ; — Tullier, IV, 241 à 333.

Estampilles de potiers, II, 34 ; X, xi, 43, 44, 57, 65, 66.

Estat (d'), III, 78, 82 ; IX, 197, 198, 240 ; VIII, 147, 249, 250, 251 ; — Pierre, III, 239.

Esterlin, III, 75, 83 ; IX, 197, 198, 206, 288 : — du Pavillon, de Pigny, IV, 254, 307.

Esteuf (l'), I, 212, 289 ; V, 175.

Estud (d'), ou Estutt, Stutt, Stud V, 226 ; — Gauthier, Walter, V, 226 ; — Lucrèce, III, 215 ; — d'Assay, Henry, V, 226 ; — d'Assay, Marie-Charlotte-Angélique, V, 226 ; — du Berceau, IX, 229, 255, 258.

Étampes, II, 273.

Étampes ou Estampes (Anne d'), VIII, 135, 137 ; — Antoine, VIII, 155 ; — Charles, VII, 150 ; — Jacques, VIII, 133, 161, 189 ; — Jehan, VIII, 184 ; — Louis, VIII, 155 ; — Louise, VIII, 133 ; — Michel, VIII, 155 ; — Robert, VIII, 155 ; — François, marquis de Maulny, VIII, 190.

Étang ou Estang (de l'), VII, 203 ; VIII, 335 ; — Jacques, VII, 203 ; — René, VII, 203.

Étienne de Graçay, VI, 121 : VIII, 167.

Étienne-le-Noir, IX, 135.

Étinières (l'), V, 206.

Etna, I, 308.

Étoile (mémoires de L'), III, 224.

Étrechy, III, 210, 211 242 ; V, 146.

Étymologies des noms de lieux, I, xii, 1 à 12 ; V, 81 ; X, 241.

Eu (comtes d'), VII, 99, 105, 106, 115.

Eudes, abbé, VII, 44.

Eudes Arpin, VI, 109, 138, 280 ; IX, 134, 138.

Eudes d'Aquitaine, X, 113.

Eudes de Bourgogne, VI, 142.

Eudes de Chartres, IX, 132.

Eudes de Déols, VII, 44 ; VIII, 93, 95, 97 ; IX, 100.

Eudes de Lignières, IX, 147.

Eudes d'Issoudun, VII, 45 ; VIII, 111.

Eugénie (impératrice), III, 295.

Évreux (Louis d'), VII, 89.

Extrait des miracles de saint Benoît, par les moines de Fleury, traduits du latin par T. de Brimont, VIII, 83 à 106.

Eysies (tombeau des), III, 2.

F

Fabre, VI, 71 ; VIII, 355.

Fabry, II, 118.

Faïences patriotiques, I, IX.

Faix (de), IX, 210, 240.

Faix (la), V, 144, 145, 151.

Falvard de Montluc (de), IV, 330.

Fanchon-Callou, VII, 163.

Fare (de la), V, 235.

Farges, II, 112 ; V, 175, 179, 325.

Farges-Allichamps, IV, V ; VI, 289.

Farges-en-Septaine, I, 15, 39 à 41 ; III, 126. 299 ; VI, 56.

Farges (Jean), II, 197.

Fargues, VII, 130.

Faucard, II, 88.

Fauchet, I, VI, 332.

Fauconnier, II, 85, 93.

Faugères (les), X, 108 et s.

Faulconnier, II, 192.

Faulquier, VIII, 293.

Faustula, V, 94.

Fauvelet (Anne de), VIII, 264.

Fauvre, III, 75, 76, 79, 82 : IX, 217, 219, 230, 251, 252, 255, 275, 277 à 279, 285 ; — André, V, 182 ; — Anne, V, 184 ; — Antoine, V, 135 ; — Catherine, V, 135 ; — Catherine-Magdelaine, V, 135 ; — Charles-François, VII, 190 ; — Claude, III, 211 ; V, 124, 178, 183 ; — Etienne, V, 134 ; — François, V, 119, 178, 179, 181, 185 ; — Françoise, V, 124 ; — François-Étienne, V, 135 ; — Gaspard, V, 135 ; — Geneviève, V, 182 ; — Jacques, V, 132 ; — Jean, V, 124, 178, 181, 183, 188 ; — Jean-Baptiste, V, 184 ; — Joseph, V, 183 ; — Marie-Anne, V, 135 ; — Mathias-Joseph, V, 135 ; — Pierre, V, 133, 184 ; — Pierre-Philippe, III, 211, 280 ; — Renée, V, 180 ; — d'Acre, François-Stanislas, VII, 190 ; — d'Allouy, Claude, V, 183 ; — de Ferrières, V, 124, 183.

Fauvre-la-Brunerie, II, 180.

Faux-Saunage (le), par L. Roubet, I, IX, 169 à 181.

Faverdines, VIII, 31.

Favières, IX, 303 et s.

Favray, IX, 266, 277, 283.

Faye (la), V, 206 ; IX, 197, 240, 253, 284.

Faye (de la), IX, 194, 208, 224, 232.

Fayel (de), IX 89, 95.

Félibien, IX, 226, 233.

Felletin, IX, 102.

Fénault, II, 104.

Fénelon (de), IX, 240.

Fer (de), IX, 301, 302, 305 ; — de la Nouaire, V, 133.

Fer (le), d'Othon, IX, 222, 226, 231, 284.

Fer (Armes de), III, 8 : IV, 55, 73, 74, 75, 76, 79, 85, 95 ; V, 44, 332 ; IX, xiv, 10 : X, iii, 273 ; — (objets divers en), I, 71 : III, 12, 14 ; IV, 55, 56, 57, 58, 60, 61, 62, 63, 64, 65, 67, 68, 72, 95 ; V, xii, xiii, xiv, 2, 43, 56, 76, 77 ; VI, 288 et s.; IX, iv, 14, 176 : X, iii, 4, 9, 16, 40 à 43, 61, 110.

Fer de cheval gaulois, III, 14.

Fère (la), IX, 85.

Fermé (de), IV, 329 ; — Aimée-Ursule, III, 263 ; V, 253 ; — Louis Marcel, III, 263, 280.

Fernault, II, 119.

Féroles, III, 222, 227 : IX, 235, 237, 247.

Ferrand, II, 192 ; III, 75, 76, 78 ; V, 160 ; IX, 114, 205 ; — de Saligny, III, iii, 37.

Ferrières, V, 176 ; IX, 217, 219, 222, 223, 225, 278.

Ferriers (butte des), V, x, xi.

Ferry, II, 156.

Ferté (la), IX, 263.

Ferté-Imbault (la), VIII, 110, 111, 112, 134, 184.

Ferté-Senneterre (la), VI, 40, 44 : VIII, 131, 132.

Fertisses (sépultures gauloises des), par Ch. de Laugardière,

III, 7 et s.; IV, 77, 79 ; IX, xiv : V, 44 ; X, 280.

Feuge (de la), IX, 208.

Feularde, II, 126 ; VII, 240 ; III, 304 ; IV, 100 ; V, 118.

Fèvre de Saint-Hilaire (Le), IX, 304 et s.

Fiacre Durier, VII, 305, 306, 307, 315, 316.

Fieffé (Claude), VIII, 185.

Filhon (Marie-Guillemette-Désirée de), III, 233.

Fines, IV, 129, 131.

Fins (de), V, 186.

Fiot (Le), II, 153, 164.

Firmana, IV, 110.

Firmanus, IV, 110.

Flamel, I, 94.

Flans monétaires et lingot en bronze de l'époque gallo-romaine trouvés à Oizon, par A. Abicot, IX, 79 à 82.

Flavia Cuba, IV, 110.

Flèche (la), IX, 202.

Fleta, IX, 23 à 71.

Fleury (abbaye), IX, 135, 306 ; X, 250, 252, 253.

Fleury (André de), VIII, 84, 92, 93, 101.

Fleury (de), Jean, II, 170 ; — Rose, IX, 245.

Fioccel (Raoul), IX, 139.

Florange (de), V, 235.

Florine (Hue de), IX, 84, 86.

Flory, II, 152, 168.

Foëcy, I, 54 : II, 54 ; IX, 318.

Foire du Palais, IX, 191, 215.

Foix (de), III, 199 ; VII, 3, 102, 105 ; — Claude, VII, 106, 114, 115 ; — François, VII, 106 ; — Gaston. VII, 106 ; — Henri, VII, 106, 107, 108, 113, 114, 191 ; — Odet, VII, 102, 105, 106, 107, 108, 114.

Folie (la), VI, 34, 82 ; X. 258, 267.

Fonblanche, VIII, 166.

Fondville (de), I, 331.

Fontaine, VI, 231 ; — des Chaises, IX, 207, 276.

Fontaine de Cierge. VI, 61.

Fontainebleau, VI, 238 ; IX, 221.

Fontaines (les), III, 192, 193, 203, 215 ; V, 121, 150.

Fontancier, VII, 195.

Fontange (de), V, 233.

Fontblain, IX, 223, 232, 264.

Fontbon, IX, 196, 201, 210, 225.

Fontenay, I, 16, 56, 114 ; II, 72, 78 ; III, 244 ; VI, 124 ; IX, xix, 279, 282 ; X, 254.

Fontenay (de). archevêque, III, 255 ; — Pierre, VI, 142 ; VII, 88.

Fontenille (la), VI, 72.

Fontevraud, VII, 47 ; IX, xi, 140, 144, 145, 150, 152, 156, 172.

Fontgombault, III, 100, 108 à 110, 119, 137, 268 ; IV, 345 ; IX, 140, 155.

Fontillet ou Fontillay. III, 217, 237 ; V, ii. 37 à 64, 120, 153 ; IX. 8, 222.

Fontmorigny (abbaye). III, 122, 130.

Fontoy, V, 234.

Font-Romain ou Fa-Romain, I, 39.

Fonts-James, II, 53, 69.

Forcade (de), V, 237.

Forcalquier, III, 261.

Force (La), II, 149.

Forestier (de), I, 197.

Forêt (la), III, 214 ; IX, 197, 214, 282 ; X, 106, 107.

Forêt d'Habert, VI, 289 ; — de Haute-Brune, VI, 1 et s., 39, 40, 41, 63 à 66, 85 ; — de Vierzon, VI, 86 ; — de Saint-Martin, VI, 39, 63, 64, 69, 115.

Forêt-Thaumiers (la), III, 268.

Forêts-Chauves (les). I, 251 ; V, 170.

For-l'Évêque, X, 148.

Forges (de), V, 206 ; — Fiacre. VII, 192, 197, 204.

Forges (les), V, 205 ; IX, 261.

Forges antiques, V, xi ; VI, 33, 34, 67, 68 ; — de Vierzon, VI, 38 ; — de Marcuil. VII, 283 à 317.

Forges (Moulin de), VII, 160.

Forges-Neuves, II, 217, 221.

Forgues, IV, 284.

Forteresses féodales, I, 56 ; II, 209 ; VI, 59, 68, 70, 82, 89, 107 à 128.

Fortia (de, IV, 231 et s. ; VI, 214, 215, 218, 219, 221, 222, 239 ; VIII, 237 ; — Bernard, V, 174.

Fortifications de Bourges, I, 330, 331 ; II, IX ; III, IV. 47 et s. ; IV, XVII, 3, 4, 33, 132, 214, 335, 347 ; V, 97 ; VI, 112, 113, 115, 196, 197, 199, 204, 270 ; IX, IX, 74.

Fosse-au-loup, X, 94, 97.

Fosses (les), IV, 273 ; IX, 235, 273, 280, 282.

Foucault ou de Foucault, III, 75, 76, 78 ; V, 119 ; VIII, 244 ; IX, 245, 246, 278 ; — Bertrand, V, 273 ; — Charles-Aymar, V, 273 ; — François, III, 179, 215, 280 ; — Geneviève, V, 274 ; — Germaine, V, 273 ; — Jean, III, 215, 219 ; — Jeanne, V, 273 ; — Léon-Pierre, V, 273 ; — Louis, V, 157 ; — Marthe, V, 273 ; — Maxence, V, 273 ; — de Chambon, IX, 199 ; — de Chamfort, IX, 203 ; — de Rosay, IX, 255 ; — de Saint-Just, VIII, 291 ; IX, 224, 250.

Foucher (Nicolas), II, 158.

Foucher (Louis-François de), V, 133 ; — de Careil, Félix, V, 132 ; — Marie, V, 133.

Foucher de Rancourt, IV, 330.

Fouchier, IV, 256 ; — Jean, VI, 260.

Fougerolles, VII, 116, 129.

Fougeron (Pierre), VIII, 153.

Fougeray, VIII, 302.

Fouilles aux Grandes-Barres, par A. de Kersers, II, 21 à 27.

Fouilles dans deux tumulus de Morthomiers, rapport par A. des Méloizes, X, 1 à 32.

Fouilles de la rue des Rats, par A. de la Guère, X, 79 à 82.

Fouilles de la Touratte, par E. de Beaurepaire, I, 59.

Fouillé de Douais et de Martangy, III, 212 ; V, 160 ; — de Martangy, de Pruneveaux, VIII, 308.

Fouin (Charles Le), IX, 311.

Foulque (Aubert), VII, 71 ; — Étienne, VII, 71.

Foulques d'Anjou, IX, 145.

Foulques d'Issoudun, VIII, 111.

Fouquet IX, 214.

Fouquier-Tinville, II, 170.

Fourcroy (Louis de), I, 222 à 224, 278.

Fournay (le), IX, 191.

Fournier, II, 138 ; — de Bois-marmin, IV, 329 ; — Alexandrine, III, 7, 264 ; — de Lut, IX, 230, 238.

Fradel (Claude-Marie de), VIII, 133, 137.

Fradet, III, 75, 80 ; IX, 217, 255 ; — Anne, V, 150 ; — Antoine, V, 121, 154 ; — Claude, V, 149 ; — Edmée, V, 154 ; — Jeanne, V, 121, 137 ; — de Saint-Août, VII, 3 ; IX, 217, 255 ; — Antoine-Armand, VII, 142, 143 ; — Jean, VII, 137, 142 ; — Jeanne-Marie, VII, 142, 144, 150, 175 ; — Louis-Armand, VII, 142.

François de Boisgisson (de), IX,

191, 193, 273, 283, 289; — Charles, III, 228, 280; — François, III, 228; V, 206; — du Plaix, IX, 194.

Francière (de), IX, 255; — Christophe, V, 145; — Gabrielle, VIII, 133; — du Coudray, de Ratelay, IV, 276, 307.

Franciscaines de Bourges, IX, 76.

François Ier, I, 185; III, 69; VI, 134, 149 à 152; VII, 107, 108.

François II, VI, 152, 204.

François II, de Bretagne, IX, 107, 108.

François, duc de Berry, V, 121.

Franklin, II, 324.

Frasnay (Pierre de), II, IV.

Fremyot (André), archevêque, V, 260; — Marguerite, V, 260.

Fricon (de), VI, V.

Froment (Dorothé de), X, 99 et s.

Fromental (de), VIII, 306.

Fromentau, VII, 116.

Fronsac (de), V, 237.

Frottier (Esprit), II, 195; — Pierre, II, 281; — de Preuilly, Pierre, II, 20.

Feuille (Claude de la), VIII, 143.

Fussy, II, 124; III, 192, 245, 250, 251, 255; VI, 38, 55; IX, 191, 206, 254.

Fussy (de), I, 198; V, 209.

G

Gabard, III, 212; VIII, 352.

Gabelles et greniers à sel, IX, 244, 269, 272, 273, 280, 281.

Gadeaux (les), IX, 250.

Gagnard, IX, 245.

Gaguignolles, VI, 70, 71, 73, 79.

Gaillard, II, 170, 176, 179; III, 268; — François, II, 85, 90.

Galifard, III, 245, 250; V, 147.

Galiot, IX, 280.

Galissonnière (la), VI, 191, 220.

Galland, I, 285; III, 75, 78, 80.

Galles, V, 180.

Gallicus, IV, 149.

Gallien, II, 192.

Galliot (François), VIII, 183; — Étienne, VIII, 182.

Gallois, IX, 199, 228, 269, 290; — Catherine-Marie-Madeleine, V, 206.

Gallois de la Tour (archevêque), III, 254.

Gallus, IX, 202, 209, 243, 261, 264, 270, 271, 282; — Anne, VIII, 170, 171; — Marie, V, 153; — de Rioubert, IV, 268, 270, 307; — Paul, VIII, 169; — des Gats, Jacques, VIII, 170

181 ; — des Pins et de Jumeaux, Jehan, VIII, 169, 170, 191 ; — du Douhart, Jean, VIII, 171, 182 ; — du Plessis, Jean, VIII, 170.

Galuccio-l'Hôpital, II, 223.

Gamaches (de), III, 75, 78 ; IV, 291 ; V, 186 ; VII, 3 ; IX, XIII, 239, 257, 274, 280, 314, 315 ; — Anne, VII, 129 ; IX, 231 ; — Charles, VII, 129, 130, 131, 133, 134, 135. 136 ; — Claude. VII. 129, 130 ; — Claude-Henri, II, 170 ; — Claudine, VII, 129 ; — Éléonore-Michel, II, 171 ; — Frédéric, VII, 210 ; — Georges, VII, 125. 126, 127, 128, 129, 214 ; — Jean-Frédéric, VII, 131, 137 ; — Louise, VII, 129 ; — Marie, VII, 130 ; — de Coudron, IX, 247 ; — de Raymond et de Jussy, IX. 231, 278.

Gamot (Joseph-Hugues, II, 312. 319.

Gangneron, V. 221.

Gannay (Jehan de), X, XI.

Gannieu, VI, 194.

Garait (Guillaume de), VII, 71.

Garde (de la), IV, 261.

Gardefort (de), IV, 252.

Garenne (la), II, 82.

Garenne-Chanteloup la, VI, 72.

Gargilesse. II, 93.

Gariel, X, 296, 297.

Garnier, VI, 137, 138 ; IX, 205. 242 ; — Jacques. VIII. 182,

183, 184 ; — de Cluis, VII, 61.

Garros (Ursule), III, 229.

Garsault, I, 187.

Gascoing, IV, 298, 308 ; IX. 271 ; — François, III, 262 ; — Louis. I, 177.

Gassault, III, 172, 247 ; — Etienne, III. 172.

Gassot, III, IV, 75, 76, 78, 82, 171 et s., 268 ; VI. 154, 175, 249 ; VIII, 246 ; IX, XIII, 198, 201, 204, 207, 215, 216, 228, 273 ; — abbé, III, 174, 251 et s.; V, 196 ; — Alexandre-Mathias, III, 215, 231 ; — André, III, 174, 180, 192, 201, 204, 210 ; IV, 320 à 328 ; — Anne, III, 205, 208, 240, 243, 244, 251 ; IX, 272 ; — Anne-Catherine, III, 215, 219 ; — Anne-Jeanne, III, 212 ; — Antoine, III, 213 ; — Catherine, III, 193, 204, 209. 211, 226. 239, 240 ; IX. 214, 238, 252, 269, 274, 275, 279. 285, 287 ; — Charles, III, 205 ; — Charles-François, III, 237 ; — Claude, III, 192, 193, 200. 202. 203, 206, 235, 237, 239, 240. 242 ; IX, 229, 237 ; — Clément. III, 209, 211 ; — Denis, III, 226 ; — Élisabeth, III, 201 ; — Étienne. III. 204, 206, 207, 208, 210, 211, 221, 222, 223. 229, 240, 242, 243, 244, 250 ; V, 134, 148 ; IX, 236, 262, 265 ; —

Étienne-François, III, 212, 214, 219 ; V, 148 : — Étienne-Jean, III, 223 ; — François, III, 193, 203, 205, 206, 209, 219, 221, 222, 224, 225, 234, 255, 243 : IV, 256 ; IX, 235, 240, 271, 276 ; — abbé, III, 251 et s. : — — François-Clément, III, 244, 250 ; — François-Xavier, III, 237 ; — Françoise, III, 180, 211, 243, 251 ; IV, 326, 332 : IX, 244, 261, 276 ; — Gabriel, III, 177, 178, 205, 245, 250, 251, 262, 268 ; IV, 323 ; — Gabrielle, III, 179, 192, 204, 238 ; — Gabrielle -Alice -Madeleine, III, 236 ; — Gaspard, III, 211, 212 ; V, 147 ; — Geneviève, III, 223 ; IX, 236 ; — Guillaume, III, 203 ; — Henri, III, 240 ; — Ignace, III, 205, 242 : — Jacques, III, 177, 181 et s., 192, 203, 206, 235, 236, 240, 241, 268, 269, 270 : IV, 325, 326 ; — Jacqueline, III, 193, 200 ; — Jean, III, 174, 204, 239, 242, 245 ; IX, 236 : — Jeanne, III, 178, 193, 201, 202, 209, 238, 242 ; IV, 326, 328 ; IX, 213 ; — Jeanne-Marie-Thérèse, III, 212 : V, 148 : — Joseph, III, 209, 238 : IX, 219 : — Jules, III, 194, 272, 274 ; — Madeleine, III, 205, 213, 215, 226, 240, 242, 243 : — Marie, III, 178, 180, 192, 200, 201, 203, 204, 210, 225, 235, 236, 237, 240, 242 : IV,

257, 264, 326, 330, 332 ; IX, 236, 278 ; — Marie-Catherine, III, 226 ; — Marie-Madeleine, III, 227 : — Mathias, III, 211, 213, 214 : IX, 272 ; — Michel, III, 211 : — Nicolas, III, 226, 227 : IX, 276 ; — le P., IX, 273 ; — Philippe, III, 229 ; — Pierre, III, 202, 208 ; IX, 224, 272 ; — Pierre-Etienne, III, 245 ; — Reine, III, 242 : — René, III, 227 ; — Renée, III, 194 ; — Robert, III, 207, 208, 209, 210, 213, 222, 225, 235 ; IX, 233, 247, 276 ; — Robert-Etienne, IX, 230 ; — Thérèse, III, 241 ; — Ursule, III, 240 : — Vincent, III, 240 : — Dom Vincent, IX, 288 ; — de Berlières, François, III, 227 : — Robert, IX, 203, 215, 236 ; — de Bouchetin, François, V, 136 ; — de Champigny, II, 196 ; — Adrien-Gilbert, III, 264 ; — François-Marie-Gabriel, III, 266 : — Gabriel, V, 253 : — Gabriel-Marie, III, 264 : — Jean-Baptiste-Charles, III, 255, 262 ; — Jean-Baptiste-Charles, V, 253 ; — Joseph, III, 266 : — Marie-Françoise-Aimée, III, 265 ; — Marie-Françoise-Thérèse, III, 267 ; — Marie-Jacques-Raoul, III, 267 : — Marie-Jean-Baptiste, III, 264 ; V, 214 ; — Marie-Joseph-Emmanuel, III, 265 ; — Marie-Madeleine, III, 267 ; —

de Deffens, II, 193 ; IX, 220, 226, 257, 262, 265, 272 ; — Alexandre-Mathias, V, 223 ; — Anne-Augustine, III, 219 ; V, 223 ; — Anne-Rose, III, 218, 221 ; — Catherine, V, 134 ; — Jeanne-Rose, III, 214 ; — de Férolles, Anne-Catherine, III, 227 ; — Claude-Germain, III, 228 ; — François, III, 228 ; — Jean-Baptiste-Clément, III, 228 ; — Jeanne-Marie-Thérèse, III, 228 ; — Madeleine, III, 227 ; — Madeleine-Catherine, III, 229 ; — Marie-Catherine, III, 228 ; — René, V, 206 ; — René-Charles, III, 227 ; — Silvain, III, 228 ; — de Fussy, II, 196 ; III, 173, 174, 221, 255, 256 ; — Alexandre-Marie, III, 256, 257 ; V, 214 ; — Cécile-Marie-Elisabeth, III, 261 ; V, 214 ; — Charles-Marie, III, 256 ; — Elisabeth-Marie, III, 257 ; — François-Marie, III, 261 ; — François-Marie-Augustin, III, 256 ; — Marie-Rose, III, 256 ; — Noémi-Marie-Adelaïde, III, 262 ; — de Lizy, III, 214 ; — de Luxembourg, IX, 217, 219 ; — de Priou, V, 124, 152, 156 ; VIII, 206, 264 ; — Etienne, I, 288, 292 ; III, 223 ; IX, XII, 187 à 191, 200, 205, 212, 235, 237, 242 ; — Etienne-Robert, III, 225 ; — Françoise, III, 208, 209, 224 ; — Pierre, III, 225 ;

— de Rochefort, II, 194, 196 ; IX, 194, 218, 243, 258, 271, 272, 276 ; — Anne, III, 214, 246 ; — Anne-Angèle, III, 230, 231 ; — Anne-Louise, III, 232 ; — Armande-Henriette-Rose, III, 233 ; — Caroline, III, 234 ; — Ernestine, III, 234 ; — Etienne, III, 232 ; — Etienne-Gaspard, III, 215, 229 ; IV, 295 ; — François, III, 207, 208, 209, 231 ; — Gabriel, III, 230, 232 ; — Jeanne-Adelaïde, III, 232 ; — Jeanne-Rose, III, 231 ; — Marguerite-Armande, III, 231 ; — Maria, III, 234 ; — Marie-Lucie, III, 230 ; — Michelle-Geneviève, III, 231 ; — de la Vienne, VIII, 335 ; — Amélie-Catherine-Etiennette, III, 249 ; — Etienne, III, 201, 248 ; — François-Clément, III, 245 ; — Pierre, III, 213, 214, 243, 250.

Gats (les), VIII, 169, 170, 181.

Gauchery, X, 285, 288, 291, 305.

Gaucourt (de), VII, 92 ; IX, 224, 248, 252.

Gaudard, IV, 236 ; IX, 204, 255, 274, 281, 282 ; — Marie-Catherine, V, 204 ; — le P., IX, 194, 195 ; — Pierre, V, 204 ; — de Laverdine, IX, 206, 230, 233, 242, 253.

Gaudin (Jean), VIII, 173.

Gaudinot, IX, 241 ; — Marie-Anne, III, 215.

Gaudon (Etienne), V, 178, 179 ; — Pierre, V, 184.

Gaudron (Théophile), VII, 249, 272.

Gauguery, VIII, 174.

Gauguier, II, 21, 27.

Gaullier (Jean), VIII, 157.

Gaulteron (Jean), VIII, 157.

Gaultier (Jacques), VIII, 134, 166 ; — Jehan, VIII, 140, 146, 147.

Gaultrait (Silvain), VIII, 154.

Gaumont (de), IX, 195, 199.

Gaure, VII, 97.

Gauthier (Valentin), II, 192.

Gautier, VII, 45, 46.

Gautier-Jacquemet, I, 196, 202.

Gauvignon, VIII, 180 ; — Gabrielle, VIII, 135, 137.

Gauzlin (archevêque de Bourges), VIII, 98 ; X, 253.

Gaveau (Jean), VIII, 176.

Gavius, V, 94.

Gay, I, 202 ; II, 192 ; III, 76, 80, 82, 83, 87 ; VI, 195 ; IX, 273, 288 ; — des Minets, IV, 272, 308.

Gayault, III, 76, 78, 80, 83 ; IX, 263, 270, 277, 285 ; — de Maubranche, II, 196, 197.

Gayet (Pierre), II, 159.

Gémahling, I, xii ; X, 239.

Genabum, VI, 23 et s., 30, 44, 45 ; VII, ii.

Gendarmes (Paul de), V, 186.

Gendrat, IV, 243.

Généalogies (complément et rec-

tifications de), par P. Riffé, IV, 319 à 333.

Généalogie de la famille Bengy, V, 106, 322 ; — Dodard, V, 128, 133 ; — Gassot, III, 167 ; IV, 320 ; — Hodeau, VIII, 267 ; — Soumard, V, 199 ; — Tullier, IV, 241.

Genetoy (le), IV, 271 ; VIII, 302, 303 ; IX, 239, 270.

Genetoy (du), VI, 223.

Genouilly, I, 54 ; II, 68 ; III, 124 ; V, 20, 28, 34.

Gentil (Le) marquis de Paroy (Guy), II, 319.

Genton (Claude), VI, 53.

Genty (François), II, 95.

Geoffroy, V, 158.

Geoffroy de Bourges, VII, 44 ; VIII, 98 ; IX, 135.

Geoffroy-Tory, I, xiii.

Georges, IX, 232.

Géraudon, II, 194.

Gergeau, II, 278.

Gergovia, VI, 28, 29 ; VIII, 18 ; — Boiorum, X, 266.

Gerissay, I, xii, 212, 227, 289 ; V, 175.

Germagne, VI, 66.

Germain (Bernard), VIII, 146.

Germigny, VII, 51.

Germigny-des-Prés, III, 101 ; V, 17.

Germigny-l'Exempt, I, 189.

Gervais, IX, 282.

Gessé (le), VIII, 28, 31, 33 ; IX, viii, 11 à 22 ; X, 100 et s.

Gevry (de), IX, 232, 267.

Gibieuf, II, 194 ; III, 75, 78, 83, 84 ; IX, 192, 219, 227, 253, 257, 271, 272, 273, 283 ; — Catherine, V, 142 ; — Charles-François, V, 146 ; — François, V, 145, 154 ; — Françoise, IX, 289 ; — Henry, V, 144, 145 ; — Marie, IX, 207 ; — Madeleine, I, 165, 166 ; V, 145 ; — Maurice, V, 145 ; — Pierre, I, 159, 165, 166, 249 ; V, 154 ; — de Chappes, de Mazières, des Fosses, de la Faye, du Portal, IV, 269, 273 à 276, 292, 308 ; — de la Faye, IX, 197, 240, 253, 283, 284.

Gibot, IV, 257 ; IX, 213 ; — Nicolas, III, 235, 280.

Gidoin, VI, 75.

Gien, II, 168 ; VI, 71 ; IX, 234.

Gilles-le-Bouvier, dit Berry, II, 271.

Gilles-Chauvet, III, 190.

Gillet (Jean), I, 228.

Gillier (Gabrielle de), VIII, 135, 136, 137.

Gilon de Seuly, III, 118 ; VI, 109.

Gimon de Château-Gordon, X, 245 à 249, 260.

Girard, III, 78, 80 ; IV, 264 ; VI, 194 ; IX, XIII, 201 ; X, 132, 232 ; — Anne, VIII, 283 ; — Étienne, III, 205, 280 ; — Foucher, IV, 213 ; — Léon, V, 207 ; — Madeleine, III, 205, 240, 225 ; — Paul, V, 208 ; — René-Phi-

lippe, V, 208 ; — de Villesaison, III, 228 ; VIII, 165 ; — Jean, VIII, 158.

Girardeau (André), III, 179, 280 ; — Marie, III, 179.

Girardin, II, 35.

Girardot (de), I, 64 ; II, 237 ; III, 51, 59 ; IV, 92, 93, 175 ; VI, IV, 299 à 328 ; VIII, LVI, 356 ; IX, 8.

Giraud, I, 176, 179, 328 ; — de Mélian, IX, 136.

Giraudon, VIII, 158.

Girault, II, 176 ; X, 132, 232 ; — Jehan, VIII, 181.

Giron (le P.), I, 203.

Givaudins, I, 269 ; V, 190.

Glasson Brisse, VIII, 332.

Glaumeau, IX, 188 ; — Jean, I, IX ; VIII, 206 ; — Journal de Jehan, II, X, XI ; III, 223.

Goazre de Toulgoet (Julien-Marie Le), V, 131.

Godard, III, 76, 78, 80.

Godefroy d'Issoudun, IX, 135, 141, 169.

Gogue (de la), IX, 84 et s.

Gombault (Jacques), VIII, 180.

Gondershoffen, X, 123.

Gondier de Gouges, VIII, 297.

Gondilly, II, 156.

Gondreville, V, 5.

Gonneau, II, 113.

Gonzalve (Ferdinand), VII, 107.

Gonzague (de), VII, 3 ; — Lodovico, VII, 118, 119, 120, 121, 122, 123, 125, 147.

Gordaine (place), II, 184 ; X, 239, 241.

Gouault (Anne), V, 122, 123.

Goubaud (Jacques), VII, 196.

Goubault de Lavallas (Anne), VII, 198 ; — Paul-Philippe, VII, 198.

Goudé (Achille), VIII, 182 ; — Pierre, VIII, 182.

Gouge de Charpeigne (Martin), II, II, XII, 267 à 289.

Gougnon, I, 133, 141, 145, 215, 222, 226 ; III, 76, 78, 80, 81, 82 ; IX, 188, 194, 200, 204, 209, 210, 264, 273 ; — Étienne, V, 168 ; IX, 192 ; — Geneviève, V, 172 ; — Hélène, V, 171 ; — Jacques, I, 240 ; V, 166, 169, 172 ; IX, 262 ; — Jean, V, 147 ; — Jean-Claude, I, 231 ; V, 192 ; — Louis, V, 166 ; — Madeleine, VIII, 275 ; — Marguerite, V, 160 ; — de Boisdevèvre, IX, 210.

Gougon, V, 121.

Goulard, IX, 197, 266, 267.

Goullu, IX, 222, 225, 227, 228, 237, 242.

Coury, II, 194 ; IV, 274.

Gourdon (François), VIII, 191.

Gournay, VIII, 166.

Goutasson, VII, 161.

Gouttenoire, VII, 119, 120.

Govelle, IX, 246.

Goy (Anne-Luce-Marie-Louise de) III, 234 ; — Armand-Jules, III, 233, 281 ; — Jean-

Adam, III, 233 ; — Marie-Aline-Marguerite, III, 233 ; — Marie-Robert-Georges-Pierre, III, 234 ; — Pierre, III, 233 ; IX, XIV, 301 à 315 ; X, III, XIII, 1, 2, 15, 63 à 68, 273, 288, 289.

Goyer, II, 196 ; — de Boisbrioux, II, 193 ; — de Pigny et de Boisbrioux, IV, 298, 299.

Gozis (les), IX, 212, 241, 245.

Gozis (des), IX, XIII.

Graçay, I, 16, 54 ; II, 68, 74 ; III, 97, 100 ; V, 17 ; VI, 195 ; VIII, 112, 113, 149, 157, 161, 162, 163, 186 ; IX, 143.

Graçay de Favray, IX, 266, 277, 283.

Graffitti de Neuvy-sur-Barangeon, VII, v.

Grailhet (Claude), VIII, 193.

Grammont (Bouchain de), IX, 233, 286.

Grandchamps (Corbin de), VIII, 312.

Grand-Chapelet, II, 78.

Grand-Châtelier (le), III, 35.

Grand-Clou (le), VI, 84.

Grande-Cour (la), II, 78.

Grandcourt (de), IX, 270, 279.

Grandes-Barres (les), II, II, 21 ; VI, IV.

Grand-Jeu, VI, 79, 80.

Grandmaison (de), I, 202.

Grand-Malleray, II, 32, 66 ; III, 299.

Grandmont, VII, 178.

Grand'Refare (la), VII, 207.

Grand-Tonneau (le), II, 22.

Grandvallet (Louis de), VIII, 284.

Grange (la), III, 227; V, 265; VII, 108, 160, 162, 193, 195, 196.

Grange (de la), d'Arquian, IV, 254; — de Soulangy, IV, 254, 308.

Grange-Bouvron, VI, 285, 289.

Grange-Menestrier, III, 219.

Grange Saint-Jean (la), III, 193.

Granger (Pierre-Louis-Guillaume), III, 219; — de Bouchault (Jacques), VIII, 140.

Granges (les), IV, 254; VIII, 166.

Grangier, II, 171; — Delphine, V, 132; — Guillaume, V, 132; — Pierre, VII, 203; — de la Brosse de Thénioux, Michel, VIII, 129, 153.

Grangiers (les), II, 194, 195, 197.

Grantin d'Anjoin (François de), VIII, 149.

Grangon (Anne), III, 263.

Grosset, III, 76, 78.

Gralin (de), IX, 201, 216.

Grattons (confrérie des), VII, 148, 150.

Gravier (le), I, 174, 178; II, 159.

Gravolle (la), V, 147.

Grégoire (l'abbé), II, XI.

Grégoire VII (pape), VII, 45.

Grégoire XII (pape), I, 100 à 106.

Grelot du XVᵉ siècle (note sur un, par A. de la Guère, IX, XII, 175 à 185.

Grenaison (Jacques), VIII, 181.

Grenet-Blerancourt (Pauline de), V, 270.

Grenoble, VI, 133.

Gresly (Anne de), VII, 130.

Gressin de Lachaise, X, 273, 283.

Greuilly, VI, 194.

Gribart (Jean-Baptiste), VIII, 191.

Grièges (de), II, 314.

Griette (la), bombarde, I, 115.

Griffon d'Offoy (Claudine), V, 253.

Grignon, II, 78.

Grigossaine (la), 191, 221, 259.

Grillon d'Anvault, VIII, 309; — des Chapelles, I, XIII, 161.

Grimardys, III, 267.

Grimouard (Marie), V, 217.

Groing de Launay (Jacques Le), VIII, 152.

Gron, I, 56, 333; II, 64; III, 38.

Grougnard (Jacques), VIII, 174.

Grosleron, X, 132, 232.

Grosfier (Etienne), VIII, 158.

Grosse Tour de Bourges, I, 114; V, 123, 137, 153, 159, 171, 175, 183; VIII, 228, 229.

Grossouvre, VI, 113.

Grottes et souterrains, III, III, 4 et s.; IV, V, VI, VII, 173; VI, 97.

Grouin (Gaspard Le), VII, 207.

Groutte (la), I, 15, 25, 26.

Gruel, II, 284.

Gruter, IV, 109 et s.

Gry, IX, 194, 214, 218, 228, 241.

Guales, III, 179.

Gudin de Vallerin, VIII, 249.

Gué (le), II, 51.

Guénaud (Renaud), VII, 80.

Guénégault, VIII, 238.

Guénin, IV, 39; — Claude, VI, 248; — Jean, VI, 248.

Guénois, III, 76, 78, 80, 82; IV, 262; VIII, 233; IX, 231, 237, 238, 245, 255, 268, 279; — Joseph, III, 213, 281; IX, 192, 213; — Pierre, I, 249, 266; — de Prunay, IX, 192, 213, 233, 268; — des Vallées, IX, 261, 274, 287.

Guépeau (de), IX, 277.

Guérand, II, 310.

Guerche (la), I, 56, 174, 176, 177, 181; II, 72, 116, 152, 356; VI, 120.

Guère (de la), voir Pantin.

Guéret, III, 260.

Guérin, VIII, 248, 249.

Guérinière (la), VIII, 170, 171.

Guerne (la), II, 66.

Guerre (Catherine), II, 197; — Victoire-Elisa, VIII, 310.

Guerres (Anne des), VII, 129.

Guerry, IX, 282.

Guette (la, VI, 71 à 78, 80.

Gui (archevêque), IX, 157.

Guiard (Georges), VIII, 157, 183.

Guibert (Claude de), III, 237; — Jeanne, III, 237; — de Fontillay, III, 217; — de Pesselières, IX, 222, 226, 231, 284.

Guichard (Jacquette), I, 212; — Paul, VI, 218, 220, 223 à 225, 229 à 234, 240, 241.

Guignard (Vincent), VIII, 156.

Guillaume (saint), archevêque, IX, 155, 156, 158; VII, 59, 170.

Guillaume, archidiacre, IX, 140, 147, 170, 171.

Guillaume-Boisratier, par Hiver de Beauvoir, I, ix, 87 à 128.

Guillaume de Charpeigne, II, 289.

Guillaume de Lignières, VIII, 115.

Guillaume de Nevers, IX, 134, 143.

Guillaume de Poitiers, IX, 141.

Guillaume de Sancerre, IX, 137.

Guillaumet (Martin), VIII, 180.

Guillebaud (Alard), VII, 45, 48, 49, 50, 51, 60; — Pierre, VII, 44.

Guillemain, II, 140.

Guillemeaux (Pierre), VIII, 179.

Guillemet, X, 132, 232.

Guillon (Barthélemy), VIII, 182.

Guillonnet, II, 152, 169.

Guillot, V, 164, 165; IX, xiii, 234, 258; — Jean, VII, 204; — Jeanne, VIII, 270.

Guilly, III, 179; IV, 241, 281, 285; VI, 72, 73, 79; IX, 273.

Guimbault (Marie-Madeleine), V, 204.

Guindau, II, 194.

Guindollet, I, iii, 59 à 81; II, 52; VIII, 358.

Guines, VII, 94.

Guinet, IX, 229, 253, 273, 280.

Guittard de Ribeyrolles, IV, 279, 309.

Guitry (de), I, 148.

Guivioux, VI, 12, 13, 20, 64.

Guivy (de), IX, 241.

Guyard, IV, 269; V, 150, 154; IX, 278 ; — Marie, VIII, 169 ;— Peirre, VIII, 137, 139, 140, 173, 175, 177; — de Bourdaloue, Jacques, VIII, 173.

Guyenne (Éléonore de), VII, 61.

Guyon, IX, 222, 225, 227, 228;

— Jean, I, 249; — Georges, III, 193.

Guyard de la Brosse (Jean), VIII, 153.

Guyot, IV, 265, 266, 309; — Françoise, III, 243;— de Mirebeau, IV, 265 ; IX, 241 ; — de Montgermain, IV, 265 ; IX, 227, 228, 232, 241 ; — Desherbiers, V, 212.

Guy-Poisson, VII, 108, 192, 197, 207.

H

Hache, X, 293.

Haguet, II, 116.

Hainaut (Marie de) VII, 87.

Hallot (Aspasie de), V, 239; — Louis, V, 239.

Hamel de Fougeroux (Antoinette-Marie-Pauline du), V, 275; —Armand-Charles-Alexandre, V, 275.

Haranguier de Quincerot (d'), VIII, 307, 355.

Harcourt (d'), VI, 313; — d'Estouteville II, 277.

Hardivilliers (d'), III, 78; — archevèque, I, 160, 219.

Hardy (François), VII, 294.

Harfleur, II, 277.

Haslay, II, 94, 193.

Haussonville (d'), V, 235.

Haute-Brune, VI, I, 1 et s.; VIII, LII.

Hauterive, III, 268.

Haye-Blanche (la), IX, 254, 282.

Haye (Henri-Arthur de la), V, 238; — Jean, VI, 263, 266, 267, 271 à 274; — Louis-Charles-Ernest, V, 238.

Hazé, II, 2, 4, 5, 220; IV, XII, 113, 120, 348; VIII, LX, 355.

Hébert Roland, (archevèque), IV, 262.

Helion-Villeneuve, II, 193, 197.

Hemeray, I, 195.

Hemeré, III, 75, 76, 78, 80, 84.

Hemetout (Claude), V, 176.

Henault, II, 116.

Henri Ier, X, 243.

Henri II, I, 173 ; III, 6, 9 ; VI, 133,
152.

Henri III, III, 196 ; VI, 152, 154,
155 ; VII, 120, 127 ; X, 131, 143.

Henri IV, I, 87 ; VI, 156, 157,
163, 166, 169, 205 ; VII, 128,
129, 284, 301 ; X, 131, 143.

Henry (archevêque), VII, 66 ; IX,
155.

Henry au Court-Mantel, VII, 64.

Henry V d'Angleterre, VII, 94.

Henriau, VI, 242.

Henrichemont, I, 335 ; II, 67, 137 ;
III, 160 et s. ; V, 156 ; IX, 263 ; X,
304.

Herault, IX, 251, 256, 263, 267,
270, 276, 280, 285 ; — Barthélemy, VIII, 182.

Hérault (l'), X, 132, **232**.

Herbigny, IV, 250.

Herbigny (d'), II, 222.

Héricher (Edouard Le), I, ix, 9,
10, 34.

Hérigny, VII, 80.

Heritier (Claude), V, 113.

Hermann de Bavière, I, 163.

Hermenonville, VI, 146.

Heron, IX, 303 et s.

Héron de Villefosse, X, 88.

Herouard-Boisserin (d'), II, 192.

Herpin, II, 119.

Hérouval (d'), I, 261, 262, 284.

Herry, IV, 177 ; VI, 121 ; IX, 244,
263, 274.

Hersende de Vierzon, VIII, 115.

Hervé, IX, 209, 221, 234.

Hervé de Berne, VII, 114.

Hervé de Donzy, VI, 121.

Hervé de Vierzon, VIII, 115.

Hervet, II, 179.

Heurle, V, 245.

Heurtault, III, 75, 77, 80, 84 ; IX,
xiii, 215, 218, 229, 236, 237,
241, 245, 279, 282 ; X, 132, 232,
233 ; — Catherine, III, 235,
236, 244 ; — Claude, III, 202,
221, 235 ; — Denis, III, 239 ; —
François de Sales, V, 248 ; VIII,
158 ; — Gilles, III, 202, 235 ; —
Jean-Claude, III, 239, 281 ; —
Jeanne, III, 246 ; — Marie, I,
220 ; — Pierre, III, 178, 203 ; —
René, III, 239 ; — de Lamer-
ville, Louis, V, 208 ; — Louise-
Jeanne - Marie - Charlotte, V,
208 ; — de Mazières, de Thou,
IV, 264, 295, 309 ; — de Soupise et Boisbuart, IX, 264 ; —
du Solier, IX, 219, 245, 246,
278 ; — Gilles, VIII, 213.

Heyrault, III, 75, 77, 78.

Hibve-Hodoire, VIII, 174.

Hierry, III, 193.

Hippeau, VIII, xliii.

Histoire des Forges de Mareuil,
par Cartier de Saint-René,
VII, 283 à 317.

Hiver de Beauvoir, I, vi, vii, viii,
ix, x, xi, xii, 87 à 128, 159 à
167, 227 ; II, ii, vii, viii à xvi,
1, 260 ; III, i, 224 ; VIII, iii, ix,
xxix, xlix à lxiii, 206 ; IX, v.

Hodeau, I, 134, 135 ; III, 75, 80,
82 ; — Alexis, VIII, 289 ; —

Anne, VIII, 213, 220, 221, 223, 232, 234, 271, 278, 279, 281 ;— Antoine, VIII, 275 ; — Catherine, VIII, 285, 294; — Claude, VIII, 217, 270, 271, 275, 279 ; — Elisabeth-Geneviève-Angèle, VIII, 304 ; — Étienne, VIII, 212, 213, 221, 278; — François, VIII, 211, 220, 268, 271 à 273, 278 :— Françoise, VIII, 273; — Jacques, VIII, 275 ;—Jeanne, VIII, 221, 231, 269, 271, 278 ;—Jeanne-Angélique, VIII, 235, 281; — Jeanne-Elisabeth, VIII, 294; — Louis, VIII, 272, 282, 287, 288 ;—Marguerite, VIII, 284 :— Marie, VIII, 234, 264, 270, 281, 286, 287 ; — Marie-Adélaïde, VIII, 308; — Marie-Julitte, VIII, 294; — Marie-Madeleine, VIII, 288 ; — Pauline, VIII, 308 : — Pierre, VIII, 235, 272, 281, 294; — Robert, VIII, 213, 233, 235, 264, 270, 278, 279, 281 : IX, 188; — d'Atilly et de Joigny, François, VIII, 302 ; — Michel, VIII, 289; — du Tronçay, Robert, VIII, 205 à 265, 273, 275.

Homécourt, V, 234.

Homme (d'). IX, 201.

Hommes d'Etat du Berry, par le président Hiver, I. 87 à 128 ; II, 267.

Horay (Étienne, VIII, 146.

Hospital (de l'), II. 224, III. 73 : IV, 215, 256, 309 ; VI, 301 ; —

François, III, 178, 187, 201, 281 ; — Gabrielle, III, 177, 268; —Jeanne, III, 178, 187, 191, 234, 268; — Pierre, V, 114.

Hôpital et hôtel-Dieu de Bourges, I, 209, 240; III, 73 ; IV, 261, 262 ; IX, 200, 214, 220, 281.

Hôtel de Ville (ancien) de Bourges, V, 24, 29, 35.

Houdas, I, IV, V, 59 ; II, 31.

Houel (Charles), III, 216; — Élisabeth-Ursule, III, 216

Houelbourg (Guadeloupe), III, 216.

Houet, V, 251; IX, 213 ; — de la Charnaye, IV, 244, 309, 321.

Houlières (les), V, 200.

Houpanne (la), VIII, 192.

Hourry (Pierre), VIII, 146.

Huart (Marguerite), V, 125 ; — Marie-Marguerite, V, 125.

Huault (Claude), V, 116, 160, 175; — Jean, IV, 324 ; V, 116, 160.

Hubert, IV, 287, 310.

Hues de Merlay, VII, 79, 213.

Huet (Catherine, VIII, 271 ; — Pierre, I, IX, 183 à 210 ; III, 85.

Hugault, II, 124.

Hugues (archiprêtre), IX, 147 ; — de Mehun, IX, 132 ; — de Vèvre, VI, 111.

Hugues (Guillaume d'), évêque de Nevers, VIII, 289.

Huicques (Jean d'), VIII, 285.

Humbaut de Sainte-Sévère, VII, 48 : IX, 141 : — d'Huriel, IX, 132. 133 ; — le Jeune, VII, 50.

Humbligny, I, 16, 56 ; II, 60 ; III, 223 ; IV, 253 ; IX, 253.

Huningue, I, 177.

Hurlier (Silvain), VIII, 183.

Hurault (Jehanne), VII, 305.

Huriel, VII, 68, 50 ; IX, 132, 133; X, 303.

Hurtebise (Silvain), IV, 322.

Hurtrel d'Arboval (Abel-Henri-Charles), V, 239 ; —Abel-Louis-François, V, 239 ; — Godefroy, V, 239.

Husdin (Silvain), VIII, 183.

Hyde de Neuville, III, 260.

I

Ialenc, IV, 153.

Ids-Saint-Roch, I, 38, 54 ; VII, 149, 178, 182.

Ignol, I, 198 ; II, 78, 88 ; III, 244.

Ile-au-Mont, V, 5.

Imbert de Trémiolles, IV, 332 ;— Adrien, III, 265 ; — Charles-Henry, III, 265, 281.

Imoardus, IV, 155.

Incendie de la Madeleine, à Bourges, V, 148, 203.

Incendie de la Sainte-Chapelle de Bourges, IX, 210.

Incendie du quartier d'Auron, à Bourges, I, 194.

Ineuil, I, 15, 38, 39, 54 ; II, 62, 219 ; V, 28, 35.

Ingrandes, IV, 340.

Innocent VII (pape), I, 98 à 100.

Inscriptions du moyen-âge, II, vi ; III, vi ; IV, 36 à 38 , 168 à 172.

Inscriptions modernes, IV, 39, 40, 248, 249, 252, 263, 293, 303; VII, 148, 163, 294.

Inscriptions romaines, II, v ; III, vii ; IV, 22 à 29, 96, 103 à 192 ; V, 82 à 96 ; VI, viii, xi à xiii, 284, 288, 290 et s.; X, iii, ix, 69 à 78.

Inscription votive découverte à Bourges en 1882, par A. de la Guère, X, iv, 83.

Insèches, III, 215.

Institutions judiciaires de la France de 1789 à 1848, II, ix.

Inventaire du mobilier de Jehan de Gannay, par A. des Méloizes, X, xi.

Irval, VI, 176.

Isabel de Bavière, II, 276.

Isle-en-Champagne, VII, 117.

Isle Savary (l'), VII, 130.

Isles (les), IX, 260.

Ismailia, III, 294.

Issoudun, I, xii, 249, 270, 293;

II, 29, 30, 210, 330, 344; III, 94, 96, 97; VI, ii, 97, 116, 135, 191, 194; VII, 45, 95, 98, 111, 125, 127, 162, 243, 285, 301, 316; VIII, 8, 9, 111, 151, 152, 158, 161. 162. 340; IX, ii, 10, 96, 97, 135, 139, 146, 193, 201, 205, 213, 215, 223, 227, 244, 247, 249, 262. 279, 280, 281,

285, 317, 323; X, vi, 92, 129 et s.. 301.

Ithier de Martreuil, I, 90, 93.

Iupule, IV, 153.

Iunimus, V, 83.

Ivoire (objets en), VII, 243; X, 52.

Ivoy, IX, 200, 213. 221, 287.

Ivoy (d'), III, 75, 78, 80, 82.

Ivry, II, 80; VIII, 268.

J

Jabin, X, 132, 232.

Jacob, VI, 255.

Jacobins de Bourges, III, 222; IV, 255, 257; IX, 194. 211, 217, 247, 250.

Jacquemet, II, 193; V, iv, 323, 324, 326 : VI, v ; VII. 320 ; IX, xiii, 263. 284 : — François, V, 205 ; — des Saulniers, Claude, V, 205.

Jacques Cœur, I, 89 : II, xi, 1 à 20, 219; V, 29, 31; VIII. 302; IX, 185 ; X, 254.

Jacquet, (Anne), V, 116 ; — Jean, II, 158.

Jacquinot (Isabelle), V, 258.

Jagault Jehan, VIII, 157.

Jahan de Belleville (Marie-Sophie), V, 239.

Jambin (Denis), VIII, 146.

Jamet, VI, 279, 280.

Janet (le P.), VI, 316.

Janvier (Louis), VIII, 181.

Jarente de la Reynière (Suzanne), II. 318.

Jargeau, VI, 194.

Jarretin, III, 215; V, 223 ; X, 289.

Jars. I, 147 ; II, 306; III, 153 ; V, 29, 35 ; VIII, 130.

Jassé (la), VII, 205.

Jaubert (le comte), II, 21, 25 et s.; III, 7 ; V, v, 166.

Jauge (la), IX, 282.

Jaupitre, III, 76, 77, 81 : IV, 254, 310; VI, 175, 181 ; IX, 214, 230, 272, 274:—Catherine, V, 188;—Étienne, IX. 260, 262 ; — Jean, VIII, 192 ; — Jean-Jacques, III, 178, 282 : — Marie. VIII, 135 ; — Pierre, VIII, 185 ; — de Dames, IX, 259, 269; — de Dournon, IX, 201, 216, 221, 222; — du Bouchet, IX, 245.

Jay (Jehan Le), VIII, 161, 162, 262.

Jean II, roi de France, VI, 130, 131, 140.

Jean VI de Bretagne, II, 279.

Jean XXIII (pape), II, 276.

Jean Cœur, I, 190, 191, 198, 202, 203.

Jean d'Alençon, II, 283.

Jean de France, VII, 90.

Jean de Vendosme, I, 270.

Jean, duc de Berry, I, 87 à 127, 162, 184; II, IX, 108, 267.

Jean Gouge, II, 267.

Jean le Bon, VII, 89.

Jean-Sans-Peur, I, 105 à 126; VII, 93, 94.

Jean-Sans-Terre, VII, 64.

Jeanne d'Arc, VII, 96.

Jeanne de France, VI, 142; VII, 239.

Jeanne de Valois, IX, XVI, 114 à 116.

Jérusalem, IX, 134.

Jésuites de Bourges, I, 208; IX, 209, 269, 276, 280, 289.

Jetons, I, 333 à 335; II, 345; IV, 348 à 350; VI, 340; VII, 123; IX, 320; X, 305.

Jeu de paume, de brelans, quilles, cartes, dés, etc., X, 134, 155, 156.

Johannet, I, 188; — Jehan, VIII, 192.

Joing, IX, 254.

Joigny, VIII, 267, 288, 289.

Joigny (de), V, 235.

Jolivet (Jean), III, 185.

Joly, II, 124.

Joquet, IX, 199.

Jordan (Camille), II, 153.

Josselet, I, 202.

Josset du Rozier, IV, 331; VIII, 309.

Jouan (de), VI, 311.

Joubert (Jacques), V, 166; — Jeanne, V, 166; — Pierre, V, 166.

Jouet, II, 21.

Joullin, VII, 292.

Jourdain (Alphonse), IX, 141; — de Grandmaison, III, 234.

Journal d'un avocat de province au XVIIe siècle, I, IX.

Journal d'un bourgeois de Paris, II, 279.

Jouslin, IV, 274; — Gaston, I, XII; — de Noray, VIII, 353.

Jouy, II, IV; VI, 114.

Jublains, II, 79.

Juillien, VIII, 355.

Julien, IX, 234.

Julienne, II, 91.

Jumeaux, VIII, 169, 170, 194.

Junia, IV, 162.

Jupiter (statue), II, III.

Juridictions, I, 169 à 181; II, XII, 86 et s.

Jusqueau, X, 132, 232.

Jussy, VII, 125, 129, 130; IX, 248, 252, 278.

Jussy-Champagne, II, 122, 138.

Just-Bernard, VIII, 206.

Justice en Berry (la) sous l'ancien

régime, par le président Hiver, I, IX.

Justice révolutionnaire à Bour-

ges, par E. de Robillard de Beaurepaire, II, 85.

Juvenal des Ursins, II, 268.

L

La (le), X, 96, 97.

Labbe, II, 287 ; III, 76, 77, 81, 82 ; IV, 255, 258 ; VI, 311 ; IX, XIII, 249, 234, 282 ; — Anne, V, 156, 157 ; IX, 249 ; — Antoine, V, 189 ; — Claude, IX, 261, 263 ; — Henry, I, 249 ; V, 156, 158 ; — Marie, IX, 279 ; — le P., I, 109, 134, 262, 280 ; III, 53 ; — Philippe, I, 249 ; IX, 211, 246 ; — Pierre, I, 198 à 200, 202 ; — Ursule, V, 188 ; IX, 214 ; — de Champgrand, I, 249, 292 ; IX, 233, 235, 255, 258, 264, 281 ; — Étienne, V, 254 ; — Marie-Célestine, V, 241, 254 ; — de Chavannes, IX, 246, 261, 263, 277, 283 ; — de Dournon, IX, 272, 289 ; — de Saint-Georges, IX, 214, 222, 230, 232, 254, 260, 272, 274, 278 ; — de Saint-Loup, IX, 256.

Labbé, I, 250 ; VI, 176 ; — Gabriel, I, 11.

Laboureur (Rose), II, 197.

Labourt (Lise), VIII, 296.

Labouverie, IX, 183.

Labrosse d'Amicourt, V, 210.

Lac de Tréfontaine (Marie du), VIII, 170.

Lacs, X, V, 117 et s.

Lacrosse, II, 118.

Lacube (de), IX, 243 ; — Claude, VIII, 190, 234.

Lafaix, II, 56.

Lafond (de), IV, 274, 307 ; Charles, VIII, 295.

Lagogué (de), II, 171 ; — Pierre, VIII, 286.

Lagrave, II, 159.

Lainé, V, 108.

Laisnel de la Salle, X, 125 à 127.

Laitre (de), V, 325.

Lajard (Félix), I, 263 à 264.

Lalande, X, 55, 56, 60.

Lallemant, V, 29, 31 ; — du Perreau, de Bouy, de Rousay, de Marmagne, de Pierrelé, de Chezeau-Brethon, du Préau, IV, 349.

Lallemant (maison), III, 152.

Laloère (Jean de), VII, 98.

Lalœuf, VI, 82, 86.

Lalorre (Alexandre-Eustache), VIII, 174.

Lambel (de), V, 260.

Lambert, II, 328 ; IX, 303 et s.;—
d'Herbigny, de la Rivière, IV,
250.

Lamblin, II, 298.

Lamirande de Vaudreuil, II, 317.

Lamoignon, I, 252 ; — Baptiste,
VII, 223, 230, 231, 232, 263,
276 ; — Catherine, III, 202,
235 ; — Guillemette, VIII, 211,
221, 262, 268 ; — Marie, V,
116 ; — du Plaix, Georges,
VIII, 268.

Lamoureux (Anne), VII, 199 ; —
Françoise, VII, 199 ; — Gabriel, VII, 199.

Lamyrat du Pont-des-Plasses
(Jean), VIII, 150.

Lanche (Françoise de), VIII, 169.

Landais (le), I, 196 ; III, 128 ; IX,
142.

Landas (Michel), VIII, 181.

Landes, III, 268.

Landevenceck, I, 196.

Landres, V, 234.

Landry, comte de Nevers, X,
249, 260.

Langeais, IX, 111, 117.

Langey, III, 216.

Langlade (de), IX, 245.

Langon, VI, 335 ; VIII, 113,
161.

Langot (Pierre), VI, 248.

Languinier (Marie), VIII, 298.

Lantan, III, 228.

Lanty (de), IX, 208.

Lapan, II, 219.

Lapparent (de), VIII, 354.

Laperche (Edme), II, 152, 160, 164.

Laplanche, II, 85, 99, 100, 101,
104.

Laporte-Issertieux, II, 193, 197.

Laprat, II, 137.

Lardemelle (de), VIII, 293.

Larchevêque, IX, 199.

Lardier (le P.), IX, 150.

Lasne, IX, 249.

Laspic (de), IX, 229, 268.

Lassay, VI, 155 ; VIII, 159, 160 ;
IX, 194 ; — de Marron, Alphon-
sine, V, 208.

Lasson, I, 240.

Lasteyrie (de), VIII, xlvii.

Latour-Gazeau, IX, 231.

Lattaignant (de), IX, 303 et s.

Laubespine, VI, 201.

Laubespine (Claude de), III, 268 ;
— Guillaume, III, 268;— Madeleine, III, 268.

Laugardière (Charles de), II, 333;
III, iii, 7, 159, 298 et s.; IV,
xii, 77, 134, 161, 336 ; V, ii, iv,
xv, 37, 64, 329 ; VI, v, 332 ;
VIII, vii, lxix, lxx, lxxxvii, 8,
300 ; IX, xvi, xvii, xix, xxii, 8 ;
X, vii, 1, 2, 280, 281.

Laujon (François), VIII, 180 ; —
Jacques, VIII, 148.

Launay, II, 58 ; V, 118, 231 ; VIII,
152 ; IX, 211, 267.

Laurenceot, II, 170, 187.

Laurent de Premier Fait Clerc,
II, 269.

Laurencin (de), III, 256, 282 ; —
Caroline, III, 256.

Lautrec, VII, 102, 105, 106, 107.

Lauverjat, II, 159 ; — Pierre, III, 180, 282.

Laval (Guy de), VII, 89, 114, 115, 190.

Lavallas, VII, 108, 194, 197, 198 ; IX, 11, 22 ; X, 103.

Lavallée, VII, 298.

Lavanderie (la), VIII, 166, 188.

Lavau (Étienne de), VIII, 169 ; — Gabrielle, VIII, 169 ; — Jean, III, 194, 282 ; — Renée, III, 194.

Lavaud, X, 106, 107, 115, 116.

Lavault (Barthélemy), II, 95.

Lavaur, III, 181.

Lavaux, VIII, 127.

Laveau, X, 109.

Laverdines, II, 88 ; V, 204 ; VIII, 31 ; IX, 206, 230, 233, 242, 246, 253.

Laverdy (de), VIII, 344 ; IX, 303 et s.

Lavergne (Léonce de), VIII, 334, 346.

Lavialle de la Meillère, III, VIII.

Lavit de Clausel (Eugénie), V, 242.

Lavray, VII, 152.

Layre (Antoine de), VIII, 302.

Lazenay, I, 54 ; II, 73 ; IX, 10 ; X, 281.

Lebas, III, 76, 77, 83, 84 ; IX, 255, 265.

Lebègue, III, 76, 77, 80 ; VIII, 222 ; IX, 192, 199, 204, 207, 234, 251, 280 ; — Anne-Jeanne, III, 246 ; V, 159 ; — Catherine, III, 205 ; — Jeanne, IX, 288 ; — Henry, V, 150 ; — Mathias, III, 246, 282 ; V, 159 ; — Philippe, I, 249 ; — Pierre, V, 192 ; — de la Cour, IX, 192 ; — de Montpensier, IV, 266, 269, 310 ; IX, 192, 194, 214 ; — de Villemenard, I, 135.

Lebié (Clément), VIII, 158.

Lebief, IX, 200.

Leblanc, II, v ; — Julien, II, 170 ; — Logny, II, 193.

Lebloy, III, 75, 77, 80, 82.

Leboursier (Pierre), VIII, 145.

Lebourré (Pierre), VIII, 145.

Lebret, VI, 176 ; VII, 95.

Lebron, IX, 191, 233, 261.

Lechantre (Jean-Baptiste), II, 95.

Léché, VII, 108, 199, 205.

Leclerc, II, 133 ; IX, 218, 222, 225 à 227, 232, 243, 280 ; — Simon, VIII, 173 ; — des Plasses, Isaac, VIII, 192.

Lécherolle, VII, 49, 108, 163, 191, 199, 206.

Lécherolles (de), VIII, 33.

Leddet, II, 314.

Ledoux (Pierre), VIII, 146 ; — Charlotte-Marie-Julie, V, 207.

Lefebvre (Catherine), VIII, 194 ; — Marie, VIII, 176, 181.

Lefer (Anne), V, 174 ; — Bernard, V, 179, 188 ; — Catherine, V, 173 ; — Charles, V, 173 ; — Claude, V, 174 ; — Denis, V,

Lefèvre (Olivier), III, 195.

173 ; — François, V, 174 ; — Hélène, V, 174 ; — Jacques, V, 173 ; — Marguerite, V, 174; — Mathieu, III, 237.

Lefort (Louis), X, 106 ; — Pierre, II, 144.

Leforestier, II, 180.

Lefuzelier de la Mothe de Cormeray (Claude), VIII, 160.

Legalis (de), IX, 258.

Legendre, II, 135, 186 ; VII, 298 ; — François, VI, 247 à 255, 263, 264.

Léger (archevêque), VII, 48, 49, 50.

Legier, VIII, 159.

Legrand, IV, xiv ; — de la Meilleraye, V, 139, 140 ; — Daniel-François, V, 144.

Legriffe (Marguerite), VIII, 165 ; — Pierre, VIII, 173, 177, 180, 182.

Le Groing de Treignat (Marie-Ursule), III, 263.

Le Hourt, V, 134 ; IX, 197, 266, 267, 269, 275.

Lejeune, II, 170, 180, 186 ; IX, 238.

Lelarge, III, 75, 77, 79, 82, 83 ; VI, 175, 206, 212, 238 ; VIII, 206, 214 ; IX, xiii, 188, 192, 217, 220, 226, 237, 246, 261, 263, 270, 272, 277, 289 ; — Anne, IX, 243 ; — Catherine, III, 210 ; — Claude, I, 154, 157, 234, 236, 237 ; VI, 180, 181, 186 ; — Jeanne, IX, 211, 283 ; — Marie,

IX, 191 ; — Paul, VI, 178, 180 ; IX, 214 ; — des Bergeries, IX, 191 ; — de Boisdurand, IX, 199, 234 ; — de Cresançay, IX, 212, 214 ; — de Gry, IX, 194, 218, 228, 241 ; — de Malsac, de Boisjaffier, IV, 258, 266, 310 ; — de Parassay, IX, 192 ; — de Parassy, V, 119 ; — de Varenne, IX, 234.

Lemaigre, II, 334.

Lemaistre (Jacques), VIII, 148, 188.

Lemerle (Jean), VIII, 148.

Lemens (Pierre), VIII, 146.

Lemeignen (Jean), VIII, 180.

Lemort, III, 75, 76, 77, 82 ; IX, 197, 214, 280 à 282 ; — Charles, VIII, 172, 179.

Lenoir, III, 92 ; — Albert, III, 101, 110.

Lenormand (Marie), III, 227 ; — Marie-Madeleine, V, 205 ; — du Coudray, II, 50 ; IX, II, 321.

Léocade, I, 161 ; V, 97.

Léodegaire (archevêque), VII, 47 ; IX, xi, 129 à 173.

Leomand, VIII, 158.

Léonard (Thomas-Joachim), VIII, 140.

Lepinay (de), IX, 270, 273.

Lépinière, III, 226.

Lerasle, VIII, 234 ; — Michel-Ambroise, VIII, 177.

Leray, II, 307.

Leré, II, 168 ; III, 103, 141 ; VI, 122, 195.

Leroy, II, 196 ; III, 76, 79 ; IX, 219, 224, 233, 246, 248, 278, 290 ; — de Buxière, II, 136, 194, 196 ; — Aimé-Pauline, V, 131 ; — Claude, V, 131.

Lesclopé, VI, 248.

Lescuyer (Jean), IV, iv, 195, 247.

Lesdiguières (de), VII, 193.

Lesieur, VIII, 222 ; IX, 192.

Lesmon (de), VIII, 215.

Lesourd, I, 193.

Lespaix, VI, 194.

Lesparre, VII, 97, 99.

Lespinasse, II, 197.

Lespinasse (de), IX, iii, 224, 256, 283 ; — de Vieux-Moulin, I, 202.

Lespinay, V, 206.

Lespine (de), V, 233.

Lessay, IX, 211, 218.

Lesseps (Ferdinand de), I, xiv ; III, 290 ; IX, 193, 202, 212, 214, 223, 288, 312.

Lesveillères, VIII, 126, 150.

Lesyeur, III, 75, 82, 84.

Letore (Charles), VIII, 189.

Lettre de Mgr de la Tour-d'Auvergne, X, 272.

Lettres de Louis XIV, par Hiver de Beauvoir, II, x.

Leudières de Lonchamp, IV, 125.

Leveillé, III, 75, 77 ; IX, xiii, 196, 221, 260 ; — Claude, V, 122 ; — Gilles, III, 240 ; — de Clerandry, IX, 227, 235, 268, 273 ; — de la Grigossaine, IX, 191, 221, 259 ; — des Fosses, IV, 262.

271, 310 ; IX, 273, 280, 282 ; — du Fournay, IV, 282 ; — du Rochy, IX, 191.

Levet, II, ii, 43, 46 ; III, iii, 33, 305 ; IV, 83, 324, 337 ; V, xiii ; VI, 333 ; VII, 240.

Levez, I, 261.

Levroux, II, 334 ; III, 140, 298 ; IV, iii ; VII, 43, 46, 78 ; IX, 142.

Leysteyrie (Christophe de), VII, 150.

Lhermite (Adrienne de), V, 262 : — Anatole, V, 261 ; — Jean-Baptiste-Marie-Cyprien-Tristan, V, 255 ; — Joseph, V, 262 ; — Laurent-Joseph-Tristan, V, 255 ; — Madeleine, V, 258 ; — Maria, V, 262 ; — Marie-Joseph, V, 259 ; — Marie-Juliette, VIII, 289 ; — Marie-Valentine, V, 261 : — Paul-Marie-Joseph-Hubert, V, 259 ; — Pierre-Jacques-Marie-Joseph-Roger, V, 256 : — Thérèse, V, 262 ; — Valentine, V, 261.

Lhote (Catherine), III, 193 : — Claude, III, 193, 283.

Liberina, IV, 143.

Librairie du duc Jean au château de Mehun-sur-Yèvre, par Hiver de Beauvoir, II, x.

Libreval, II, 122.

Liége (du), I, ix, 1 à 12 : II, vii : IV, 155, 157.

Liercourt, I, 25.

Liget Pierre, IV, 252.

Ligier-Toussaint, VIII, 262.

Lignerac (de), VIII, 114.

Lignières, I, 38, 54, 270, 271 ; II, 223, 226, 250 ; III, 107 ; V, 199 ; VI, 122, 195 ; VII, 98, 111, 162 ; IX, 136, 238, 322.

Lignières (Jean de), VII, 196, 204 ; IX, 141 ; — Jeanne, VIII, 126, 127, 135 ; - Godemar, VIII, 127.

Ligondès (de), VIII, 307 ; IX, 259.

Ligonnac (de), III, 227 ; VI, 201, 202 ; IX, 227, 249, 276.

Limaye (la), IX, 193, 202.

Limoges, VII, 27, 98 ; VIII, 86, 87 ; IX, 133, 138, 240, 263 ; X, 116, 117.

Lissay, IX, 199, 257, 271, 272, 281.

Liste des membres de la Société des Antiquaires du Centre, I, 337 ; II, 351 ; III, 309 ; IV, 351 ; VI, 351 ; VII, 327 ; VIII, 369 ; IX, 325 ; X, 307.

Litteric, IX, 146.

Littiossa, IV, 26, 141.

Lizeray (Indre), III, v.

Lizy, III, 175, 181, 193, 234, 236, 237, 241, 245 ; IV, 256 ; IX, 215, 240, 257.

Loé (Jean de la), IV, 212.

Loges (les), II, 39.

Loire (fleuve), I, 88, 173, 332 ; IX, 145 ; X, 242, 243, 254, 255, 257, 258, 261, 262, 270.

Loiret, II, 101.

Loiseau, II, 150, 220 ; — Jean-Louis, II, 7.

Loisel, II, 299.

Lombost (Bathazar de), VII, 195 ; — Bertrand, VII, 195 ; — Christophe, VII, 195 ; — Gilbert, VII, 195, 196 ; —Jean, VII, 195.

Long-Champ, VII, 88.

Londres, IX, 23 à 71.

Longpérier (de), II, 344 ; III, 298.

Longueville, VIII, 178.

Longueville (duc de), VIII, 222, 224.

Lorges, VIII, 129.

Loroy, II, 55 ; III, 130, 124 ; VI, 64, 89 ; VII, 78.

Lorraine (Charles de), VIII, 215.

Losmer, VIII, 265.

Louault, V, 122.

Louis VI le Gros, VII, 50, 51 ; IX, 135, 141.

Louis VII, III, 125 ; VI, 112, 122, 138, 139, 211 ; VII, 54, 61.

Louis VIII, VI, 140, 153.

Louis IX, VI, 140 à 144.

Louis XI, I, 130, 132, 237 ; II, 10, 283 ; VI, 125, 145 à 148, 240 ; VII, 98, 99 ; IX, 106, 112.

Louis XII, VI, 149, 204 ; VII, 101, 107, 284 ; IX, 114, 126.

Louis XIII, I, 132, 137 à 158 ; VI, 133, 173, 178, 205 ; X, 149.

Louis XIV, I, 235 ; III, 70 ; VI, 166, 186, 196, 205, 213 ; VII, 137, 142, 143, 152 ; X, 142,

143, 149, 150 ; — lettres de, II, x.

Louis XV, II, xii, 315 ; III, 70 ; IX, 305 et s.

Louis XVI, III, 71.

Louis, comte de Sancerre, X, 265.

Louis de Bourbon, comte de Soissons, VI, 181.

Louise de Lorraine, reine, III, 268.

Loup (Le), VIII, 118, 121, 124 ;— Anne VIII, 129 ; — Blain, VIII, 128 ; — Christophe, VIII, 128 ; — Françoise, VIII, 128 ; — Louis, VIII, 128 ; — René, VIII, 128 ; — Robert, VIII, 129, 153.

Louriou, V, 329.

Loury du Puy (Clémence), V, 247.

Louvet (Jean), II, 278, 279.

Louvois (de), I, 140, 147 ; II, 218 ; VI, 277.

Louvrier, IX, 196.

La Louze, III, 211 ; V, 148.

Loye, II, 103 ; V, 137.

Loynes (de), IX, 254 ; — du Houlley, Anne-Marie, V, 247.

Loysel, I, 252, 256, 263.

Lucanus, IV, 146.

Lucas, VIII, 214.

Lucé (de), IX, 243, 263.

Luceau, X, 293.

Lucina, V, 94.

Lude (Marie - Thérèse du), V, 239.

Ludre (de), V, 235.

Luet, III, 180.

Lugny, VII, 130 ; VIII, 313.

Lugny-Bourbonnais, I, 333.

Lullon, VI, 138.

Lunerettes, III, 231.

Lunery, I, 57 ; II, 78.

Lunidia, IV, 29, 163.

Lupule, V, 94.

Luquet, IX, 221, 259, 284.

Lur (de), V, 237 ; — Louis, VII, 130.

Lury, VI, 111.

Lusignan, IX, 231.

Lut, IX, 238, 262.

Les Luteaux, VI, 79, 80.

Lutèce, VI, 26, 28.

La Lutonnière, IV, v.

Luxembourg, IX, 215, 217, 219, 222, 229.

Luxembourg (Charles de), VII, 115 ; — Henri, VII, 115.

Luynes (de), IX, 198.

Luzy (Alisincum), III, 39.

Lycée d'émulation, VIII, 352, 353.

Lyon, I, 137, 155 ; VI, 153, 154, 165 ; IX, 199.

Lyone (de), I, 146.

Lyonnet, IX, 233, 278, 279.

Lyoult, I, 180.

Lys-Saint-Georges, V, 118.

Lyot (de), VIII, 161, 162.

M

Macé, I, 141, 152 ; III, 76, 77, 79, 80, 82; VII, 291 ; IX, 234, 250 ; —Étienne, V, 121, 123 ;—François, V, 144; — Marie, V, 156, 158 ; — Nicolas, V, 122 ; —Suzanne, V, 123; — de Battereau, IX, 281 ; — de Léodepart, II, 3 ; — de Villedonnay, IX, 194.

Mackwiller, X, 11.

Mac-Nab, II. 170; IV, 276, 311.

Mâcon, II, 82.

Macquaire (Sylvain), VIII, 147, 173, 174, 175, 181.

Macquet (Jehan,) VIII, 180.

Macusus, IV, 173.

Magalos, IV, 173.

Magnard de Drulon, VII, 160.

Magny, VII, 21.

Magny (de), VIII, 47.

Magny-Lambert, IX, 8.

Mahaudière, V, 125.

Mahis du Breuzé, II, 101, 112, 195.

Mahsis (les), VIII, 139.

Maillard, IX, 309.

Maille (Jean de la), V, 175 ; — Marie, V, 175.

Maillé (duc de), II, 224, 226.

Maillé-Brézé, IX, 216.

Maillet, I, 146 ; IV, 273.

Mainat, I, 172.

Maintenon (de), IX, 200, 204, 254.

Maire, IX, 221.

Maires et échevins de Bourges, VI, 138 à 281.

Maison Bourgeois, IX, 73, 76.

Maisonfort (la), III, 268; V, 21.

Maisonnais, VII, 48; IX, 141, 169, 170.

Maître Jean, II, 168.

Maîtrises, X, 138 et s.

Malain (Claudine de), VIII, 128.

Malaisé, IV, 289.

Malbuc (Frédéric de), VII, 205.

Malçay, IX, 214, 288.

Malendras, IV, 253.

Malhorte de Boudeville, VIII, 131.

Mallard-Marly (Joseph), VII, 208.

Malmusse de Brouville, IV, 331.

Malsac, IV, 258, 267.

Malval (Frédéric de), VII, 192.

Mamercus Lupus, IV, 23, 132.

Mamour, IV, 243, 244.

Manay (le), IX, 232.

Mandrin, I, 173.

Mangin d'Oince (Félix), V, 210;
— Jeanne-Marie, V, 210 ; —
Jeanne-Marie-Marguerite, V,
210.

Mangou, IX, 197, 198, 223.

Manirius, IV, 159.

Manoncourt, V, 234.

Mans (le), IX, 320.

Mantes, VI, 157.

Mantoue, VIII, 118.

Manufactures à Bourges, I. 236.

Manuscrits Riffé, IX, **xx, xxi**.

Many (le), VI, 82.

Manzay, IX, 237.

Mapreslin (Germain), VII, 203,
205.

Marandat (François), VIII, 298 :
X, 131.

Marandé, IX, 238, 262.

Maransanges, VII, 200.

Maray, VIII, 113, 138, 165.

Marcandier, VIII, 336, 344.

Marc-Aurèle, III, 68.

Marçay, IV, 287.

Marcellange (de), IV, 329.

Marcellus, V, 86

Marchant, V, 116, 164; — Éléo-
nore, VIII, 148; — Gabriel,
VIII, 183 : — Jacques, V, 185;
— Jean, VIII, 176.

Marche (de la), V, 120; — Jean-
Louis, V, 274: — Sylvie-Amé-
lie-Herminie, V, 274.

Marchegay, IX, iv, v.

Marchoisy, IV, 272.

Marcillac (de), III, 78 : VIII. 313;
IX, xiii, 242, 244: — Denis, VII,

190, 193, 196 ;— François, VII,
190; — Hubert, VII, 190; —
Ogier, VII, 190, 196, 210.

Marcillac (prince de), IV, 291; V,
186.

Marcilly, III, 213, 220; — en-
Gault, VI, 82; VIII, 111.

Marcilly (de), I, 147.

Marck (Diane de la), VII, 117.

Marcy, II, 80.

Mardelles, I, 19; V, 3; X, v, 91
et s.

Mardière (de la), V, 37.

Maréchal, III, 76, 77; VI, 179.

Mareschal (François Le), VI, 155;
— Geneviève, III, 241.

Marescreux, IX, 229.

Mareuil, III, 145; V, 25, 29, 35;
VII, 284 à 292, 294, 296 à 298,
300, 301, 304 à 308, 312,
314, 316 ; IX, 204, 217, 275.

Mareuil (Louis de), VIII, 193.

Margat, III, 75, 77; IX, 271; —
François, IX, 282, 284 :—Fran-
çois-Robert, III. 262 : — de Buxède, IX, 242; — de Crecy,
IV, 298, 311; — Robert-Fran-
çois, V, 193.

Margots (les), VIII, 303; IX, 270,
277.

Marguerite, duchesse de Berry,
II, 83 : III, 192: IV, 216, 230;
VI, 149, 204.

Marie-Antoinette, II, 316.

Marié (Le), II. 83.

Marigny, II, 219: IV, 241, 270,
271, 276; IX, 196, 270, 281.

Marillac (de). VI, 252.

Marin, I, 144, 149, 150 ; — Delacouste, VI, 230.

Marion, X, viii ; — Perpétue, V, 154.

Marles (de), VI, 276 ; — Henri, II, 280.

Marly (Jacques de la), VII, 192.

Marmagne, IV, 325, 350 ; IX, 219, 224, 246, 248, 278.

Marnaval (de), VI, 311.

Maroles, II. 192, 197.

Marolles, V, 213.

Marolles (l'abbé de), I, 242 ; III, 213 ; — Martin, II, 197.

Maron (Le), II, 91.

Marpon, III, 76, 77 ; IV, 281, 294, 311 : IX, 193, 198, 218, 268 ;— Charlotte, III, 226 ; —Richard, IX, 193, 194 ; — des Isles, IX, 260.

Mars (Cososus), IV, 110.

Marsilly, II. 196.

Martangy, VIII, 308.

Martianus. IV, 28, 142.

Martigues. VII. 115.

Martin V (pape), II, 276, 286.

Martin, VII, 236, 256, 260.

Martin de Lignac (Reine-Sarah), III, 234.

Martin de Marolles, II, 197 ; III, 76, 77, 213, 283 ; — Angèle, V, 217 ; — Anna, V, 216 ; — Charles, III, 261, 283 ; V. 213, 216 ; — Claude-Marguerite, V, 274 ; — Eugénie, V, 209, 218 ; — Fernand,

V, 217 ; — François, III, 261 ; V, 209, 213 ; — Gaston, V, 215, 217 ; — Henry, V, 217 ; — Joseph, V, 213 ; — Marie, III, 261, 264 ; — V, 214 ; — Oscar-Marie, III, 261 ; V, 214 ; — Philippe-Jacques, dit James, V, 214 ; — René, V, 216 ; — Robert, V, 217.

Martin-Dufresnoy, VI, 256, 263.

Martin et Cahier (les PP.), IV, 194, 208.

Martin Gouge de Charpeigne, I, 109 ; II, 267.

Martinus, IV, 140.

Martinière (de la), VI, 194.

Marty-Laveaux, VIII, xxix.

Masclary (Françoise-Zoé de), V, 271.

Masnay, V, 130.

Masné (le), V, 124.

Maspe, IV, 161.

Maspetius. V, 94.

Massay, III, 123 ; V, 19, 28, 33, 329, 352 ; IX, 256.

Masson (Françoise), VIII, 135, 137 ; — Pierre, VIII, 144, 147.

Masuré (Étienne), VIII, 160.

Mater, VIII, 355, 356 ; — Daniel, IV, xv, 177 ; V, 329 ; VIII, 4 ; X, 55, 280, 286, 288.

Materion (Toussaint), II, 85, 88, 89.

Mathérée (de la), VIII, 244.

Mathas (la), VII, 108, 200, 201, 204.

Mathé, IV, 249, 251, 311.

Mathériat, IV, 287, 311.

Mathilde de Saint-Satur, X, 240, 247, 249, 252, 256, 260, 263.

Mattefelon, X, 131.

Maubeuge, IX, 257.

Maublanc de Chiseuil, III, 266.

Maubois. VIII, 294.

Maubouge (Jean), VI, 192, 220, 221, 252.

Maubranches, I, 15, 21 à 25, 31, 32; III, 178, 180; IV, 110; V, 179; VI, 11, 19, 125; VIII, 222, 225, 226, 236, 239 ; IX, 194, 217, 224, 259, 288.

Mauduit, I, 241, 250, 259.

Mauger, X, 38.

Maugerie, VIII, 293.

Maugis, I, 165; IX, 189; — Marie, V, 150.

Maulde-Hosdan (Adelaïde-Françoise-Eugénie-Antoinette de), V, 231.

Maulmond (Jeanne,) II, 103.

Maulne, VII, 17, 21.

Maulnoury (de), I, 172.

Maulvoisin (Jacques de), VII, 209.

Maupas, IX, 222, 289.

Maurepas (de), VI, 286, 289 ; VIII, 336.

Mauriac, IX, 139.

Maury, IX, 161.

Maussabré (de), VII, 159 ; — Charles, VII, 194, 198, 207.

Maximilien d'Autriche, IX, 107, 109, 110.

Mayence, II, 30; III, 100, 123.

Mayerne (de), I, 190, 202, 203.

Mayet-Genetry, VIII, 355.

Mazard, II, 169.

Mazelin, III, 76, 77 ; IX, 200, 221, 287.

Mazens, IX, 114.

Mazières, II, 72, 73 ; III, xi, 235; IV, 241, 253, 258, 264, 266, 268, 269, 272, 273 ; VII, 117, 235, 236, 237; IX, 225, 270; X, x, 106.

Mean, VIII, 155.

Meaulne, VI, ix à xiii.

Méauc, VI, x.

Meaux, VI, x.

Meaux (Jean de), III, 200, 283.

Mediolanum, IV, 123 ; VI, viii à xiii.

Mégalithiques (monuments), I, 53, 54 ; V, 13.

Mehun-sur-Yèvre, I, 54, 95, 115, 270 ; II, 108 ; III, 109, 116, 119, 149 ; V, 27, 28, 32, 182, 188 ; VI, 38, 115, 194 ; VIII, 359 ; IX, 105 à 128, 132, 203 ; X, 302.

Meignac (de), IX, 194.

Meignen-Gallois, VIII, 180, 181.

Meilheurat (Laure), III, 267.

Meillant, I, iii ; V, 29, 34 ; VI, ix à xiii, 324, 327 ; VII, 20, 288, 289, 292 ; VIII, 348, 349 ; IX, 75 ; X, 84.

Meilleraye, V, 140, 144.

Mesnières (de), IX, 304 et s.

Mello (Yolande de), VII, 76.

Meloisey, V, 11.

Méloizes (des), II, 298 ; III, ii ; IX,

v, xv, xxii ; — Albert, I, iii, iv, 59, 60, 73, 75, 83 à 85, 162, 164 ; II, ii, iii, iv, vi, 25, 209, 307 ; III, ix, 2 ; IV, iv, ix, 193, 249 ; V, iii, ix, 13, 61, 66, 81 ; VI, ii, 97 à 106 ; VIII, iii, vii, x, xi, lv ; IX, vii, xv, 1 à 10, 322 ; X, ii, ix, xi, 1 à 32, 65, 67, 81, 88, 282.

Melun, II, 272.

Mélusine des Lusignan, VII, 138, 139, 140, 141, 142, 163.

Même (de), II, 30.

Mémoires d'Étienne Gassot de Priou, 1691-1715, par A. de la Guère, IX 187 à 299.

Mémoires de Robert Hodeau, par P. Riffé, VIII, 205 à 330.

Menac, IX, 139.

Menagé (Barthélemy), II, 124.

Menard (Pierre), VIII, 157.

Menault de Marthery, VII, 105, 108, 115.

Menaut (Élisabeth), VII, 196.

Mendiants, X, 157.

Menetou-Couture, I, 335 ; II, 21 ; III, 153 ; X, 15.

Ménétréol-sous-Sancerre, X, 257, 258.

Ménétréol-sur-Sauldre, I, 16, 50 à 52, 55 ; II, 55.

Mennetou-sur-Cher, I, 269 ; VIII, 107, 110, 111, 112, 114, 115, 116, 119, 123, 124, 125, 128, 129, 131, 133, 138, 139, 143, 153, 161.

Menou (Anne-Cécile de , V, 130 :

— Charlotte-Marguerite, V, 127, 130 ; — Gervais, V, 126 ;— Jean, V, 127 ; — Louis, V, 126 ; — Louis-François-Gaston, V, 125, 130 ; — Noël, VIII, 144, 147 ; — Simon, V, 127.

Menoust (Julien), VIII, 192.

Méobec, IX, xvi.

Merceret, IV, xiii.

Mercier, I, 164, 165, 219 ; III, 78 ; IV, 262 ; VIII, 233 ; IX, 195, 214, 228, 234, 256, 268, 274, 287 ; — Maurice, VII, 73 ; — Françoise, IX, 242 ; — Jean, I, 164, 165 ; V, 163 ; — Marie, IX, 232 ; — de Guilly, IX, 273 ; — de Saint-Antoine, IX, 195.

Mercier (Pierre Le), III, 180, 283.

Mercure, I, 76, 77, 78 ; IX, 22 ; X, 117 et s.

Mercy (de), V, 233.

Mercy (de), archevêque, III, 253, 254.

Méreau, III, iii ; X, 293.

Méreaux, I, 333 à 335 ; II, 345 ; III, 306 ; IV, 347 ; X, 305.

Mérigny, VI, 344.

Merigot (Christophe), V, 201 ; — Louis, V, 201 ; — René, V, 201.

Mérille, I, 167, 219.

Merlin, VII, 160.

Meroflide, IV, 165.

Méry-ès-Bois, VI, 69, 70 à 76, 80.

Méry-sur Cher, II, 57 ; III, 214.

Mes Archives, Notes sur Mennetou-sur-Cher et diverses seigneuries voisines, par G. Vallois, VIII, 107 à 205.

Mesmes (de), VI, 176.

Mesnil, V, 236.

Mesnon, IX, 243.

Mesplé, IX, v.

Métairie, II, 335.

Métherie (de la), III, 40.

Métolles, IX, 260.

Metz, VI, 133.

Meunet. VII, 44.

Meunier, VIII, 356.

Meusnier, IV, 296.

Meusnières, III, 200.

Mezières, IX, 320, 323.

Mezroi, III, 41.

Mibouchet, IX, xvi.

Micaut de Courbeton, VII, 159.

Michaud, II, 109.

Michaut-Lailler, II, 273.

Michel (Francisque), II, 13, 14, 75.

Michel (Pierre), VIII, 274.

Michel de Chevrier, I, 2.

Michel de l'Hôpital, I, 4.

Michelet, X, 54, 83.

Michellet, II, 162.

Micolon de Guerines (Sidonie-Apollinaire-Joseph-Charles), V, 230; — Marie-Côme, V. 230.

Migeon (Jean), I, 254 à 257.

Migieu (Amélie-Jeanne-Catherine de), III, 248, 283.

Migné, VI, 312.

Mignon, IX, 193. 246, 260, 284.

Migny, II, 73; VI, 120.

Milan, VII, 5, 6, 8, 9, 72, 107.

Milandre, III, 179.

Millançay, VI, 40, 44; VIII, 172.

Millanfroid, VI, 70.

Millet, III, 76, 83; V, 104; VI, 193; IX, 207, 251, 267, 269; — Étienne, V, 124; VIII, 139; IX, 277; — Marc, VIII, 158; — Marguerite-Françoise, V, 125; — Suzanne, III, 261; — du Perron, VIII, 251; IX, 256.

Millier, IX, 227, 249.

Milly, IX, 321.

Milon, IX, 259, 288.

Minereau, IV, 258, 269; VIII, 303.

Minerve, X, 87.

Minets (les), IV, 272.

Miniers (les), IX, 192.

Minimes (les), I, 208.

Mirabeau (de), V, 233.

Miracles de saint Benoît, VIII, 83; X, 259, 249, 250, 256, 260.

Mirebeau (de), IV, 265; VII, 75, 77, 147; IX, 241; — Pierre, VII, 206.

Mirebeau (moulin), III, 57.

Misaie (ruisseau), VI, 75.

Misilvert, VI, 45.

Mission de la ville Bourges en 1657, par E. de Robillard de Beaurepaire, I, IX, 129 à 138.

Mittérand, VI, 68, 70; IX, 256.

Mocangles, V, 128.

Mocquet des Moulins-Bâtards et de Bouy, IV, 288.

Moindrat, II, 180.

Moireau (Noël), VIII, 150, 263.

Moison, VI, 236 ; IX, 212.

Molesmes, IX, 135.

Moline (la), V, 172.

Molin (Hugues du), VIII, 275 ; — Philippe, VIII, 159.

Molineuf, VIII, 171.

Mollin (le), VIII, 159.

Mollin (le), du Pont, VIII, 152.

Monbel de la Tache (Jean), VII, 209.

Moncenoux, IX, 183.

Monestay (Marie-Gasparde), V, 205 ; — des Forges, IX, 261.

Mongivray, VII, 71.

Monicault, III, 76, 77, 80, 83 ; VIII, 222 ; IX, 240, 249, 281 ; — Françoise, III, 250 ; — Germain, V, 202 ; — Jean, V, 11 ; — la Chaussée, VI, 205 ; — de Palluau, IX, 202, 221, 258, 265 ; — de Villardeau, IV, 271, 312 ; IX, 196, 282.

Monmerqué (de), II, 18.

Monnaie de Bourges, IX, 200, 242.

Monnaies étrangères, V, 333, 353 ; IX, 319, 353.

Monnaies gauloises, I, 34, 326, 327 ; II, 327 et s. ; III, 297 ; IV, xiv, 85, 97, 98, 336 à 341 ; V, 56, 323, 324 ; VI, 292 et s., 329 à 332, 342 ; IX, 317, 318 ; X, 17, 36, 286.

Monnaies grecques, VI, 305 ; X, 285.

Monnaies mérovingiennes, VI xvii ; VII, 35 ; X, 290.

Monnaies (Recherches sur les), II, x.

Monnaies romaines, I, iv, 25, 31, 32, 33, 38, 39, 60, 78, 328 à 331 ; II, 35, 45, 46, 327 ; III, 44, 304 ; IV, 85, 98 à 100, 341, 342 ; V, xii, 47, 60, 80, 81, 324, 325, 326 ; VI, iv, 290 et s., 306 à 309, 317, 318, 331, 332, 343, 344 ; VII, 12, 13, 15, 25, 239, 319 ; VIII, 74, 363, 364 ; IX, 79 à 82, 318 ; X, v, 44, 60, 61, 104, 258, 259, 267, 289.

Monnaies royales françaises, I, 331, 332 ; II, 336, et s. ; III, 30, 36, 304 ; IV, xv, 342 à 345 ; V, 326 à 328, 332 ; VI, 332 à 339, 344 ; VII, 319 ; VIII, 365 ; IX, 318 ; X, 291.

Monnaies seigneuriales ; I, 332 ; II, 339 et s.; III, 36 ; IV, xv, 345 à 347 ; V, 328, 329, 333 ; VI, 337, 339 ; VII, 67, 68, 80 à 84 ; X, 295.

Monniote (dom), VI, 300.

Monpezat de Carbon (de), archevêque, VIII, 261.

Monsand, VIII, 128.

Montaboulin (de), VI, 257 ; IX, 212, 223.

Montagne (le P.), IX, 150.

Montagu (de), VIII, 209, 308 et s. ; IX, 191, 233, 243, 250, 253, 257 ; — Françoise, III, 232 ; —

Judière, II, 194; — Marie, III, 223; — Michel, II, 196.

Montaigne (Éléonore de), VII, 130.

Montaigu, II, 270.

Montalon, VII, 26.

Montargis, I, 272; II, 129.

Montauban, VI, 133.

Montbel (de), IX, 320; — Enguerrand, VII, 104; — Jean, VII, 196.

Montboulan, IV, 253; VIII, 178.

Montbrison, IX, 308.

Mont-Carmel (Chevaliers du), VII, 143.

Montcelart, III, 194.

Montchemin, III, 221.

Montconnis (de), V, 164.

Mont-Dore (le), I, 308.

Monteaux (le), VIII, 174.

Monteaux de Blenac (Diane de), III, 216.

Montebise (de), III, 216, 219.

Montereau, II, 277.

Montet (le), IX, 224, 259.

Montfaucon, I, 114; III, 97; VI, 119; VII, 77.

Montferrand, VII, 77.

Montfort (Simon de), IX, 84, 86.

Montgermain (de), IV, 257, 265, 266; IX, 227, 228, 232, 241.

Montgeron, IX, 263.

Montgeux, III, 268.

Montgommery, VIII, 129.

Montgommery (de), IX, 245.

Montierchaume, IX, 137.

Montifaut, II, 59; III, 177, 187.

Montigny, IX, 238.

Montigny (de), VII, 128; VIII, 114.

Montillet (de), VI, 235.

Montils-lès-Tours, I, 171; VI, 148.

Montlouis, II, 90, 219.

Montluçon, I, 37; VI, 326; VII, 25, 98; IX, 199, 212, 241.

Montluel en Bresse, II, 283.

Montmeillan, IX, 200.

Montmorency (de), VIII, 154.

Montmusson, II, 170, 174.

Montot-Longchamps (de), VIII, 293.

Montour, V, 174.

Montpellier, VI, 133.

Montpensier, IV, 269; IX, 192, 194, 214, 270.

Montpeyroux, VII, 65.

Montpezat de Carbon (de), archevêque, IX, 151.

Montpipeau (de), V, 143.

Montplanet (de), IV, 331; VIII, 305.

Montreuil (de), V, 231; IX, XII. 210; — Léon, III, 220. (V. Cordier.)

Montrichard, VI, 116.

Montrond, VI, 207; VII, 78, 91, 94, 97, 98, 102, 107, 117.

Mont-Saint-Michel, IX, XVI.

Montsauge, IX, 249.

Montsaulnin (de), IX, XIX, 279, 282; — Adrienne, V, 254; — Charles, III, 244, 283; — Léonard, III, 244; — de Fontenay, II, 192, 196.

Montsaux (le), VIII, 287.

Montville (de), IX, 216.

Mopré, VI, 236.

Morandé, I, 144.

Moreau, V, 201 ; VI, 247 ; IX, 260, 283.

Moreau (le docteur), V, 43.

Moreau (Frédéric), VI, XIII.

Moreau (Paul), I, 61, 78 ; II, 188 ; V, 43, 109 ; VIII, 358.

Moreau de Chassy (Alexandre-Antoine), III, 255, 258, 283 ; IV, 296, 312 ; — Anne-Rose, III, 219, 229 ; — Laurent, V, 156 ; — Marie-Élisabeth-Hélène, III, 255 ; — Rose, III, 214.

Moreau de Cœuilly, IX, 194, 243.

Moreau de Jonnès, VII, 10.

Moreau de Montchenil, IV, 279, 312.

Moreau de Lavèvre (Joseph), V, 213.

Morau des Breux, V, 207.

Morel, III, 11 et s. ; IX, 8.

Moret (Denis), VIII, 147.

Morice (dom), II, 281 ; — Marc, VIII, 146.

Moricet (Jean), II, 142.

Morin, II, 192, 197 ; — François, VIII, 182.

Morizay, I, 196.

Morlac, II, 174.

Morlet (de), X, 11.

Mornay-Berry, II, 64, 156.

Morne (Fiacre), VII, 204.

Morogues, V, 23 ; VI, 187 ; IX, 208, 222, 226, 267, 289.

Morogues (Jacques de), III, 268.

Mors de bride gaulois, VIII, 6 ; IX, 1.

Mortemart (de), VI, III ; VII, 300 ; X, 84.

Morthomiers, I, 16 ; III, 213 ; IX, 1 à 10 ; X, 1 à 32.

Mortillet (de), III, 10 et s. ; X, 282.

Morvant, VII, 141.

Morvilliers (de), III, 187 ; IX, 197 ; — Étienne, III, 268 ; — Marie, III, 268.

Mosnac, II, 317.

Mosnier (Jeanne), V, 201.

Mothe (la), ou la Motte, III, 86, 193 ; VI, 84 ; VII, 108 ; VIII, 160, 313.

Mothe-au-Groüin (la), IX, 217.

Motte-Beaucoulon (la), VII, 206.

Motte d'Annordre (la), VIII, 155.

Motte de Cormeray (la), VIII, 160.

Motte de Roussillon (la), IX, 321.

Motte de Serre (la), VII, 192.

Motte du Puy (la), V, 161.

Motte-Feuilly (la), VII, 151, 152, 159 ; VIII, 127, 128.

Motte-Gaillard (la), II, 72.

Motte-Turlin (la), II, 57 ; III, 225.

Motte de Doué et d'Allongny, Louis (de la), VIII, 193.

Motte-Houdencourt (Marie-Élisabeth de la), VIII, 131.

Mottes, I, 56. (V. Tumulus.)

Mottes féodales, I, 48 et s.; VII, 39, 79.

Motteville, VI, 305.

Mottillons (les), IX, iii.

Moulaine, III, 194.

Moules en terre cuite des médaillons de Jean-Baptiste Nini (les), par A. des Méloizes, II, 307.

Moulières, III, 262; V, 253.

Moulières (de), IX, 203.

Moulin, VIII, 159.

Moulin du pont, III, 177, 178, 187.

Moulineaux, III, 11 : IV, 75; V, 41.

Moulinier, II, 114.

Moulin Gaga, VI, 53.

Moulinneuf, VIII, 165.

Moulin-Porcher, IX, 260, 266.

Moulins, IX, 249, 273, 288.

Moulins à eau, VI, 50, 52; —

Moulins-Bâtards, IV, 288.

Moulins-Blancs, VIII, 291.

Moulins de l'Isle (Aimé-Louis des), II, 323.

Moulins (Nicolas), II, 103.

Moulins-sur-Yèvre, I, 15, 22 ; II, 78; III, 126; IV, viii.

Moullains (Charlotte de), VIII, 135, 137.

Moulon, VI, 20, 36, 38, 48 et s., 70.

Mouriès, V, 60.

Moussais-la-Bataille, X, 113.

Moussy (Marguerite de), VII, 134.

Moutet, II, 197.

Mouzay, I, 202.

Mowat (R.), V, 87, 93, 94.

Municipe romain de Bourges, VI, xvii.

Muratori, IV, 119 et s.

Murcy, V, 234.

Murgets (les), IX, 274, 287.

Murville, V, 234.

Musée de Bourges, I, 60, 161, 218, 326, 334; V, 27, 33, 330; VIII, 2 ; IX, xii, 175, 189; X, VIII, IX, XI, 55 à 59, 86, 87, 279, 283, 286.

Musée de Cluny, IX, 102.

Musée de Saint-Germain, X, 88, 104, 121, 124, 279, 283.

Musée du Louvre, X, 88.

Musée lapidaire de Bourges, III, XI; V, 16, 27, 32, 84, 85; VIII, XI, LXXXI; IX, III, IV, V; X, 60, 69, 80; — Catalogue, IV, 1.

Musnier (Hélène), III, 255.

Mynereau, V, 146, 170, 179.

Mynot, VI, 194.

N

Naillac (Philibert de), I, 111, 116.

Naives, V, 234.

Nangis (de), VIII, 288, 289.

Namur, IX, 203.

Namur (de), V, 235.

Nançay, I, 270 ; VI, 37, 81 à 84 ; IX, 221.

Nançay (petit), VIII, 110, 153.

Nançay (comte de), VIII, 130.

Nancy, VI, 255.

Nantes, VI, 133.

Naples, I, 295 à 312.

Napoléon III, I, 17, 21, 22, 41 à 43.

Narbonne, X, 113.

Narbonne-Pelet (François-Raymond-Aymeric de), III, 249, 284 ; — Joseph-Raymond-Théodoric, III, 250.

Navarre, II, III.

Navarre (collége de), III, 252.

Nazaret (Mgr de), nonce, III, 272.

Nemours (duc de), VIII, 224, 227.

Néraud-Brachet, VIII, 169.

Nérault du Theil, de la Châtre, de Ville, IV, 290.

Nérement, III, 168.

Néret, VII, 79, 111, 152, 160, 178, 190, 210 à 214 ; X, 93, 117.

Neris, II, 43 ; III, 27 ; IV, 123 ; VI, x à xiii, 283, 286, 289, 290, 298, 325 à 327 ; VII, 10, 16, 18, 19, 23, 24, 26.

Neromagum, V, xiii.

Nerondes, II, 30, 50, 78, 90, 152, 155, 328 ; III, 244 ; IV, vii ; IX, ii ; X, 305.

Nesmond (de), IV, 277, 312.

Neufville (Nicolas de), III, 268.

Neuville (chanoine), II, 192.

Neuville-sur-Seine, V, 6.

Neuvy, IX, 137.

Neuvy-deux-Clochers, III, 160, 161 ; VI, 334.

Neuvy-Pailloux, V, 50, 66 ; VI, 99.

Neuvy-Saint-Sépulcre, III, 109, 115 ; IX, 198, 207.

Neuvy-sur-Barangeon, I, 326 et s. ; II, 328 ; IV, 179 ; V, x ; VI, 20, 23, 37, 40, 44, 46, 69, 71, 80 à 85.

Neuvy-le-Barrois (de), VII, 127.

Nevers, I, 172, 197, 198 ; III, 161 ; VII, 25, 99, 100, 101, 105, 106, 115 à 118 ; IX, 241, 271, 281, 285, 319.

Nevers (Henriette de), VII, 117, 118, 121, 125, 147.

Neyret de la Ravoge (Anne), VII, 150.

Nibelle, I, 288 ; V, 137 ; IX, 245, 248 ; — Rose, III, 212.

Nicolaï (de), VIII, LXXXI ; X, 289, 292, 293 ; — Nicolas, I, 28 ; III, 54.

Nièvre (la), VIII, 292.

Niherne, X, 92.

Nimes, X, 113.

Nini (médaillons de), II, III, IV, 307.

Niort, I, 137, 138 ; X, 104.

Niquet, IX, 195, 203 ; — Pierre, I, 135 ; V, 169.

Nivenheim (Albertine de), II, 319.

Nizerolles (de), IX, 282.

Nizon, II, 182.

Noailles (de), VIII, 151 ; IX, 254, 255, 257.

Nobiliaire du Berry, IX, xx.

Noblet (Lucrèce), V, 158.

Noël sur les paroisses de Bourges, par P. Riffé, I, 204.

Nogent-les-Vierges, V, 5.

Nohant, III, 228.

Nohant-en-Goût, IV, vi, vii ; VI, 120.

Nohant-en-Graçay, I, 54.

Nointeau (le), III, 227, 305 ; IV, 288.

Noirlac, III, 115, 122, 128, 130, 137 ; V, 21, 28, 31 ; VII, 89.

Noiron (Charles), V, 170 ; —

Étienne, V, 170, 171 ; — Gilles, V, 171 ; — Marcel, V, 170 ; — Marie, V, 170.

Nollain (Toussaint), VIII, 141.

Nompar de Caumont, I, 237.

Nonant, VII, 145, 175.

Normand du Coudray (Le), X, 305.

Normande (château de la), II, II, 210.

Normands (les), X, 266.

Noroy, V, 234.

Note et procès, à propos des murs de Saint-Hippolyte, à Bourges, par E. Toubeau de Maisonneuve, V, 97 à 106.

Note sur la découverte d'un caveau funéraire antique, sur la place Séraucourt, à Bourges, par Albert des Méloizes, IV, IX à XII.

Note sur la découverte d'un vase de bronze dans un tumulus de Morthomiers, par A. des Méloizes, IX, 1 à 10.

Note sur la résidence des parlementaires à Bourges, d'après deux anciens plans, par Pierre de Goy, IX, 301 à 315.

Note sur deux enceintes en terre du département de l'Indre, par A. des Méloizes, II, 209.

Note sur les fouilles de l'ancien cimetière de Saint-Doulchard, par Ch. de Laugardière, IV, XII à XVI.

Note sur les sculptures romai-

nes découvertes à Bourges, par A. de Kersers, IX, 73 à 77.

Note sur trois épées de bronze et un mors de bride gaulois, par A. de Kersers, VIII, 1 à 10.

Note sur trois statuettes antiques trouvées à Gergovia par A. de la Guère, VIII, 11 à 25.

Note sur un très-ancien vitrail de la cathédrale de Bourges, par Albert des Méloizes, IV, 193 à 210.

Notes archéologiques sur les environs de Châteaumeillant, par E. Chénon, VIII, viii, 25 à 40 ; IX, 11 à 22 ; X, 91.

Notes de Messire Pierre Huet, sur les reliques de saint Fulgent, avec un Noël sur les paroisses de Bourges, par Paulin Riffé, I, 183.

Notes sur un collier à grelot du xvᶜ siècle, par A. de la Guère, IX, 175 à 185.

Notes sur une tapisserie du xvᶜ siècle, provenant du château de Mehun-sur-Yèvre, par H. Ponroy, IX, x, 105 à 128.

Notice généalogique sur la famille Soumard, V, 199, 210.

Notice sur l'abbaye de Déols, I, xiv.

Notin, IX, 264, 269, 271, 282.

Notre-Dame. (V. Eglises).

Notre-Dame de Paris, III, 192.

Notre-Dame de Pouligny, X, 107 et s.

Noualhier, IV, 277, 312.

Nouan, VI, 33, 60, 62, 69, 83.

Noue (la), III, 204 ; IX, 204, 274, 287.

Noues (les), I, 135.

Nouhan-le-Fuselier, VIII, 161.

Nouzerine, V, 118.

Noviodunum, VI, 23 et s., 44, 46 ; X, 237, 266.

Noyers (des), II, iv.

Noyon, III, 134, 149, 156.

Nuchèze (de), V, 259 ; -- Jeanne, V, 259.

Nuet, IX, 194, 214, 228.

Nuisement, II, 78 : V, 120, 123, 149, 155, 158, 162 ; IX, 263.

Nugues (Catherine), VIII, 159 ; — François, VIII, 159.

Numismatique. (V. Bulletins et Monnaies.)

Nupied, VI, 229.

O

Obfond, VIII, 192.

Objets trouvés sur l'emplace-ment du Cercle, Rue Moyenne, n° 15, par A. de Kersers, VIII, 73 à 81.

Oblincum (Le Blanc), III, IV, 26.

Obricius, IV, 119.

Observations météréologiques, IX, 189, 195, 202, 203, 205, 208, 216, 217, 223, 232, 246, 248, 251, 258, 262, 265, 267, 268, 270, 276, 288.

Observations sur le règlement de police d'Issoudun, par M. de Raynal, X, 129.

Obterre, IV, 340.

Œnochoé en bronze, IX, VII, 1 à 10 ; X, 1, 1, 2, 10, 11, 282, 287.

Offeré (Marie d'), III, 179.

Oizon, X, VIII.

Olivet (abbaye d'), III, 128 ; VIII, 167.

Onirontis, IV, 112.

Orange, V, 16 ; IX, 110.

Oratoire. (V. Églises.)

Orçay, VI, 82.

Ordonnances sur la police de la ville d'Issoudun, en 1578, par M. de Raynal, VI. 151.

Orelli, IV, 119 et s.

Orléans, I, 177, 215, 261 ; VI, 20, 23, 30 et s., 44 et s., 67, 81, 83, 86, 194, 218, 265, 266, 272 à 274, 276, 310, 311 ; VIII, 138 ; IX, XVI, 199, 225, 230, 233, 241, 242 ; X, 261.

Orléans (d'), III, 80, 82, 84 ; IX, 106, 108, 109, 254, 268 ;—Char-lotte, VIII, 136 ; — Marguerite-Angélique, VIII, 135, 137, 138 ; — Louis, VIII, 192.

Orléans (duc et duchesse d'), I, 110, 117, 118 ; II, 269 ; VIII, 112, 126, 127, 128, 135.

Orme-au-loup, X, 254.

Ormesson, III, 195.

Ormoy, III, 192, 193.

Orsan, VII, 47, 49 ; IX, 140 à 152, 155, 156, 160, 163, 169 à 173, 320.

Orval, VII, 78, 88, 93, 94, 97, 99, 101, 107, 115, 117, 172 ; IX, 213.

Orvilliers, V, 138, 140.

Os (objets divers en), V, 74, 75 ; VII, 343.

Os de rennes, X, VIII.

Os fendus en long, X, 9, 55.

Osmery, III, 176, 181, 201, 206, 210, 213, 214, 215, 229, 234 ;

IV, 256; V, 134, 148, 223 ; VI,
331 ; X, 289.
Osmond (d'), II, 224.
Osmoy, III, 201, 203 ; IV, 271.
Ossat (cardinal d'), III, 198, 272,
274.

Ouatier (l'), I, 22, 23, 24.
Oudart (Jacques-François), VII,
184.
Ouince, V, 210.
Ourouer, I, 328.
Outils gaulois, X, 21, 22.

P

Paillasson (Antoine), V, 168 ; —
Catherine, V, 168 ; — Charles,
V, 168 ; — Claude, V, 168 ; —
Guillemette, V, 168 ; — Fran-
çois, V, 168 ; — Jean, V, 168 ;
— Pierre, V, 168.
Paillebois, VI, 225.
Pain, IX, 281 ;—Jacques, VIII, 141;
— Louis, VIII, 147 ; — Pierre,
VIII, 131, 189.
Pain (Le), III, 76, 77, 82; IX, 257;
— Jean, IV, 264.
Pajon, VIII, 139, 140, 173, 180,
182; — Denis, VIII, 146.
Pajonnet (François), III, 192.
Pajonnet (prieur), IV, 177, 181 ;
VI, III, 283 a 321, 324, 326.
Pajot, VI, 194.
Palais archiépiscopal, IV, XVII.
Palais de Jacques-Cœur, I, VI
VII, VIII; IX, 213, 215.
Palais royal de Bourges, I, 162,
183 ; IX, XII, 208, 210, 212,
213, 215.

Paleau, III, 177 ; — Nicolas, IV,
39.
Pallu (Marie-Anne-Mélanie de la),
V, 230.
Palluau, III, 258; IV, 324 ; V, 202;
IX, 221, 258, 265.
Paluette, II, 212.
Pama, IV, 187.
Panariou (Thomas), potier, III,
161.
Pantin de la Guère, III, 220 ; —
Alphonse, III, II ; V, XVI ;
VII, LXXVI, LXXXVII, 11 ; IX, XI,
XII, XIII, XV, 129, 153 à 190,
321; X, IV, VII, 34 à 53, 64, 67,
79 à 89 ;—Arthur, III, 177, 216;
— Bernardin-Jean, III, 220,
284; V, 225; — Bernardin-
Marie, III, 220; V, 225; —Ber-
nardin - Marie - Austrégésille -
Gaston, V, 228; — Marie-
Aliette - Angélique - Armande,
V, 227; — Marie-Anne-Sté-
phanie, V, 230; — Marie-Ar-

mande-Berthe, V, 230 ; —Marie, Austrégesille-Arthur, V, 226 ;— Marie-Austrégésille-Henry, V, 228 ; — Marie - Bernardine - Henri-Charles V, 227 ;—Marie-Bernardin-Gonsalve, V, 228 ; — Marie-Caroline-Alix, V, 231 ; — Marie-Caroline-Berthe, V, 228 ; — Marie - François-Al - phonse, V, 229 ; — Marie-Germaine-Jeanne, V, 227 ; — Marie-Henriette-Philomène, V, 230 ; — Marie Joseph-Henry-Étienne, V, 228 ;—Marie-Léon-Olivier, V, 229 ;— Marie-Madeleine-Valentine, V, 229 ; Marie-Thérèse-Léonie, V, 230 ; — Raymond, IX, xiii, xvi ; — Raymond - Jacques-Marie, V, 228.

Papillon de Rix (André), VIII, 129.

Papon, II, 124.

Parent, VIII, 293.

Parfait, VI, 195.

Parassay, IX, 192.

Parassy, IX, 198.

Paris, I, 110, 112, 113, 114, 119, 127, 146, 151, 153, 156, 160, 161 ; VI, 156, 201, 210, 238, 259, 275, 310, 311 ; IX, 303 et s. ; X, 148.

Pâris (Antoine), VIII, 159 ; — de Montmartel, VII, 3 ; — Armand-Louis-Joseph, VII, 156, 157, 158, 159, 209 ; — Jean, VII, 155, 157.

Pâris (Paulin), I, vi, vii, 342 ; II, 12 ; VIII, lxi.

Parlementaires, IX, xiii, 301 à 315.

Parnajon, II, 94.

Parnon, III, 248.

Paroisses de Bourges, I, ix, 183 à 210. (V. Églises.)

Parthenay, VII, 141.

Pascal Ier (pape), IX, 136.

Pascal II (pape), IX, 131, 138, 139.

Passac du Chesne (Guillemette de), VIII, 156 ; — Robert, VIII, 170, 185.

Pataudières, VIII, 114.

Patavinia Romana, IV, 25, 138.

Patureau de Fontblain, IX, 223, 232, 264.

Patureaux (les), V, 172, 175.

Pau, VI, 133.

Paul V (pape), I, 159.

Paulin, IX, 207, 276 ; — Pierre, V, 123 ; — VIII, 273.

Paulla, IV, 148.

Paullina (Julia), IV, 140.

Pavet (Pierre de), VI, 112.

Pavillon (le), V, 186 ; — de Pigny, IV, 254.

Péan de Mosnac (Charles-René), II, 317.

Péan (le P.), IX, 95, 96.

Péaron (Philippe), VIII, 158.

Pecquot, IX, 233 ; — de Soupise, Pierre, VIII, 235.

Pelart, IX, 226.

Pelé (Alexandre), VIII, 166.

Pelicier de Feligonde (Marguerite-Jeanne-Clotilde), III, 267.

Pelletier, II, 119, 147, 179, 160, 182 ; VI, 277.

Pelliguault, II, 192.

Pellorde, VIII, 210.

Pelorde (Jeanne), VIII, 268 ; — de Trouy, Coulogne et Ivry, Jean, VIII, 268.

Pelourdes, IV, 220, 249.

Péneau, V, 41 ; X. 38, 39.

Penaud (Sylvain), II. 93.

Pennetier (Sylvain), II, 152, 157.

Penthièvre (de). II, 279.

Pényer ou Peynier, IV, 252, 312.

Pépin, VIII, 352.

Pépin-le-Bref, III, 55.

Percenius, IV, 117.

Perche (la), IX, 218, 231.

Perdoux, IX, 230, 233.

Pérémé, III, 94.

Périer, IV, 181.

Périgaul (Louis), VIII, 189.

Perigne (François), II, 113.

Périgueux, III, 100.

Perilhat (Anne), V, 115 ; — Etiennette, V, 115 ; — Jean. V, 115 ; — Marguerite, V, 115.

Périsse (Jean), VI, 189 à 191.

Périsse (la), II, 51 ; IV, 41.

Perreau, IX, 268.

Perreau (le), IV, 349.

Perreux (le), VIII, 132, 134.

Perrière (la), IX, 219.

Perrin, V, 115.

Perrinet de Saint-Amand, IX, 244.

Perrinet-Grasset, VII, 96.

Perrinet Leclerc, II, 277.

Perron, IX, 201 ; — François, V, 115 ; — Jacques, VII, 196 ; — Pierre, VII, 190, 193, 196 ; — d'Acre, Pierre, VII, 210, 213 ; — de Charasse, Pierre, VII, 190, 210.

Perron (le), VI, 36, 37 ; IX, 256.

Perronet (de), III, 260.

Perrot de la Malmaison, V, 118.

Perrotin, II, 195 ; III, 83 ; — de Barmond, I, 292 ; IV, 249 ; IX, 200, 220, 226, 232, 244, 264 ; — du Montet, 224.

Perroy (du), IX, 234.

Persan (marquis de), VIII, 225, 227.

Perusson, III, 99.

Pesselières, IX, 222, 226, 231. 283.

Peste à Bourges en 1628 et 1629, IV, 260 et s.

Petit, I, 292 ; IV, 231, 349, 350 ; VI, 223, 234, 236 ; VIII, 222 ; IX, 229, 257, 253, 264 ; — Pierre, VIII, 236, 237.

Petite-Jorde, II, 78.

Petit-Jean, II, 85, 97.

Petit-Pierre, dit Colas, II, 162.

Petroneau (Jean), VII, 103, 173.

Pétronille de Chemillé, IX, 144, 171, 172.

Peudory, X, 116.

Peutilloux, VII, 59, 169, 170.

Peutinger, IV, 124, 131.

Peyroux (Éléonore-Françoise,

du), V, 274 ; — Gabrielle, VII, 197 ; — Gilbert-Louis, V, 274.

Peyrusse d'Escars (Françoise, Émilie de), VII, 158.

Pezaut (Louise), V, 175.

Phélipeaux de la Vrillère (archevêque), III, 252 ; VIII, 336 ; IX, 189, 193, 203, 216.

Phelippe (Anne), V, 138 ;—Louis, V, 138.

Phesius, IV, 150.

Philippe Ier, VI, 125, 138, 280 ; IX, 135.

Philippe-Auguste, III, 47, 57, 97 ; VI, 112, 116, 140, 148, 212, 269; VII, 64, 65, 66 ; IX, 74, 88 à 95.

Philippe III le Hardi, VI, 140.

Philippe IV le Bel, III, 146 ; VI, 140.

Philippe V le Long, VI, 142 ; VII, 85, 86, 88 ; IX, IV.

Philippe de France, VI, 141.

Philippe de Valois, VII, 87.

Philippe d'Orléans, VI, 265.

Piat, IX, 240, 243.

Piat (Le), III, 77.

Picardière (Alix - Thérèse - Delphine de la), V, 293.

Picart, II, 162.

Picart (Marguerite Le), V, 129 ; — Thérèse, V, 129 ; — de Phelippeaux, III, 258.

Picault, IV, 294, 313 ; IX, 260, 266, 272, 274, 277 ; — Gabriel, III, 193, 284.

Pie de Guépeau, IX, 277.

Pierquin de Gembloux, III, 307.

Pierre (Armes et instruments de), I, 79 ; IV, VII, VIII, 49, 69, 85, 91 ; V, 79 ; X, VIII, 276.

Pierre (abbé), VII, 65.

Pierre-Brune, VIII, 128.

Pierrecourt (de), VIII, 161.

Pierre de Crosses, III, 50.

Pierre de l'Etoile, III, 120 ; IX, 140, 142, 155, 159.

Pierrefitte-sur-Sauldre, VI, 20, 23, 40, 45.

Pierrelé, IV, 350.

Pierre levée, III, 219.

Pierres (abbaye des), VII, 65, 71, 78, 79, 167, 168, 214.

Pierry, IV, 313.

Pigeat, X, 306.

Pigelet, VI, XIV ; IX, 11.

Pigné (Marie), III, 222.

Pignoux, III, VIII ; VI, V.

Pigny, IV, 288, 298 ; V, 123, 200.

Pinault-Desormeaux (Guillaume), I, 135, 141.

Pineau, III, III, 87 ; IV, V ; VIII, LXXXVI ; X, 31 ; — Marcel, VIII, 147 : — de Vauteaux, Benjamin, VIII, 176, 177.

Pinel (Blaise), I, 174 à 180.

Pinette, IX, 215, 257, 288 ; — Gabriel, III, 204, 236 : — Jean, III, 236, 284 ; IX, 198 ; — Jeanne, III, 236, 238, 241 ; — Marie, VIII, 270.

Pin-Gargilesse (le), I, 269.

Pinon, VI, 177, 180 à 182.

Pins (les), VIII, 169, 170, 191.

Pinsson, IX, 210 ; — Catherine, V, 166 ; — François, V, 163, 165, 166 ; — Geneviève, V, 166 ; — Jean, V, 167 ; — Jeanne, V, 166 ; — Loys, V, 166, 171 ; — Marie, V, 167 ; — Pierre, V, 167 ; — Reine, V, 167 : — Robert, V, 167 ; — Suzanne, V, 167 ; — des Riolles, VI, 277.

Pintard, IX, 289.

Pinturel (Guillaume), II, 197 ; — de Charant, II, 177, 179.

Piquet de la Haye, II, 273.

Piquot, II, 170, 176, 179 ; — Pierre, II, 85, 90.

Pivert, II, 96.

Pireville (de), IX, 196.

Plagny, I, 197.

Plaimpied, I, 184 ; III, 113; V, 28, 33 ; IX, 133, 197, 266, 267.

Plaix (le), III, 33, 209, 223 ; VIII, 260 ; IX, xiii, 194, 200, 215, 242.

Plaix (les), VII, 210.

Planche (la), VII, 206.

Planchoron, VII, 108, 201, 202.

Plans de Bourges, IX, xiv, 301 à 315.

Plantagenet (Henri), VII, 61, 63.

Plasses (les), VIII, 192.

Platet (le), III, 221, 222, 227 ; IX, 235.

Plautrius, IV, 171.

Play (le), X, 139.

Plessis (le), V, 174 : VIII, 170.

Plessis (du), V, 142 ; — Châtillon,

VII, 3 ; — Anne-Hilarion, VII, 150 ; — Jacques, VII, 145 ; — Jeanne-Marie, VII, 150 ; — Louis, VII, 150, 151, 152, 209 ; — Louis II, VII, 154 ; — Marie-Félicité, VII, 154, 155.

Plessis-les-Tours, IX, 112.

Poids-de-fer, II, 336.

Poirier (Gentien), VIII, 160.

Poirier (le), VII, 108, 202.

Poiriou (le), III, 305 ; IX, xiv ; V, 196.

Poisieux, III, 268.

Poisson, VIII, 184.

Poitiers, I, 111, 136 à 138, 142, 155 ; II, 270 ; VII, 89 ; IX, 102, 308 ; X, 113, 119.

Poix (de), IX, 229.

Poisavant (Philippe), VI, 60.

Police d'Issoudun, X, 131.

Police du royaume, X, 132, 133, 134.

Polti, II, 346.

Pomelie du Montjoffre (de la), IV, 278, 313.

Pommard (Jeanne de), VIII, 185.

Pomme (la), IX, 238.

Pommereau (de), II, 194, 197 ; III, 284 ; IV, 333 ; — Delphine-Claire, III, 265 ; — Marcel, III, 265.

Pommereu (de), I, 142 ; VI, 238, 239, 242, 278, 279.

Pommier, II, 152, 158.

Pomyers (François-Marie-Edward Fulgent de), V, 237 ; — Marie-Charles - Xavier - Fulgent, V,

237 ; — Marie-Edward-Léon-Fulgent, V, 237 ; — Marie-François-René-Fulgent, V, 237.

Pompery (Aline-Victorine-Antoinette de), V, 236.

Pointe (La), II, 153, 163.

Poncet, IV, 272, 286, 313 ; V, 112, 193 ; VI, 260 ; VIII, 249, 250.

Poncet (Michel), archevêque de Bourges, III, 211.

Poncet de la Rivière, I, 293 ; IV, 235 et s.; — Mathias, III, 211, 213.

Pondy, I, 195.

Ponnard (de), IV, 294, 313 ; — Anne, V, 126.

Ponon, VIII, 162.

Ponroy (Henry), IX, XI, XVIII, 105 à 128 ; X, 290, 305.

Pons (de), V, 237 ; — Armand, VIII, 205, 209, 307.

Pont (le), V, 138.

Pont-Chartrain (de), II, 224.

Pont-de-Beauvoisin, II, 90.

Pont-des-Plasses (le), VIII, 150.

Pont-Levoy, V, 125.

Ponton d'Amécourt (de), II, 337 ; X, 290 ; — Adrien-Auguste, V, 271 ; — Marie-Joseph-André, V, 272 ; — Marie-Joseph-Augustin-Roger, V, 272 ; — Marie-Joseph-Maurice, V, 272 ; — Marie-Josèphe-Berthe, V, 272 ; — Marie-Paul, V, 271.

Pontot, I, 172.

Ponts romains, VII, 14, 25.

Pont-sur-Yonne, V, 3.

Pont-Vieux, VI, 48 à 55.

Porcaria, IX, 138.

Porche (le), IX, 262.

Porcheron, II, 226 ; IV, 285.

Porches (les), III, 264 ; V, 188, 190 ; IX, 222.

Portail (le), VIII, 177.

Portal (le), IV, 292.

Porte (de la), III, 79, 82 ; IX, 259 ; — d'Issertieux, IV, 282, 313.

Porteaux (les), IV, 296 ; V, 121, 122, 123, 144.

Port-en-Vallée, VII, 75.

Portepain, VIII, 291, 292 ; — François, VIII, 289.

Portier, IV, 253, 314.

Port-Saïd, I, 313 et s.; III, 291.

Pot de Rhodes (papiers des), par Hiver de Beauvoir, II, x.

Potier (le P.), IX, 149.

Potier de Gesvres, IX, 223, 256, 263, 275.

Potin (Claude), VIII, 142 ; — Jean, VIII, 142.

Potin (de), IX, 258, 275 ; — Charles, V, 190 ; — Claude, V, 190 ; — Jeanne Marie, VIII, 137.

Pouan, IX, 8.

Poubeau, II, 122, 125, 135.

Pougny, IV, 284.

Pouillé du diocèse de Bourges, X, 271.

Pouilly (de), V, 235.

Poujean, II, 157.

Pouligny-Saint-Martin, X, 98 et s.

Pouligny-Saint-Pierre, III, 30.

Pouncy, VIII, 87.

Poupard, I, 211, 227, 244, 265, 291.

Poupardin, III, 75, 77, 80, 82, 83, 84 ; VI, 175, 249 ; IX, 256 ; — Anne. IX, 240 ; — Françoise, V, 166 ; — Louis, IX, 194 ; — Marie, IX, 221, 230 ; — du Cluzay, IX, 196, 209, 221 ; — du Creux. IX, 202, 260, 275.

Poupelin, V. 193 ; — Silvain, VIII, 188.

Prætorium, V, vi ; VII, 27 ; X, 114.

Praguerie la , II, 287.

Prat le , VI. 286.

Préau de . III, 228 ; IV, 350 ; IX, 233. 256, 266.

Précieux dom , VI, 299 à 303.

Précy. II. 335.

Prée la . III, 122, 128 ; V, 25, 183 ; VII, 76, 127.

Prelas Jehan . VIII, 158.

Prépéan (Connan de), VIII, 305.

Prépoilé. III, 210.

Prés-Fichaux. III, 60.

Présidial de Bourges, IX, 191, 192, 194 à 200. 202 à 213, 219, 221 à 225. 228 à 231. 234 à 236, 238, 239, 242 à 246, 248, 249. 251 à 254, 258 à 260, 262 à 270, 272, 274 à 277, 282, 284 à 289.

Presle (la), V. 251.

Presly, VI, 71, 80, 81.

Presly-le-Chétif. I. 332.

Pressigny. IX. III ; X, 305.

Pressoir Houet, II, 329.

Preuilly, I, 16, 47 à 49, 56, 268 ; II, 20, 72 ; III, 259 ; VI, 56.

Préveranges, VII, 2, 68, 74, 77, 78. 111.

Préville de la Loupière (de), IV, 276, 314.

Prévost, V, 159, 329 ; X, 132, 232.

Prévôté et Maréchaussée de Bourges, IX. 192, 196, 198, 201, 202, 204, 207, 209, 219, 220, 223, 240, 256. 264, 267, 270, 273, 286, 287, 288.

Prévoust (Pierre), VIII, 190.

Primatie de l'Archevèque de Bourges, IX, 131, 142, 156, 158, 162.

Primelles, I, III, IV, v ; II, II, XVII, 29 à 43, 56, 64 ; III, 299 ; V, 40, 50 ; IX. 139 ; X, 103.

Primus, IV, 107.

Prince Noir, VII 88, 89 ; VIII, 113.

Priou, I, 288, 292 ; III, 41, 181, 201, 204, 205, 208, 221, 222, 223, 225 ; IX, XII, 187 à 189, 200, 205, 235, 237, 242.

Priscinus, IV, 155.

Priscus, IV, 155.

Prissac, X, 106.

Priviléges de Bourges, I, 129 à 158 ; VI, 138 à 281.

Proust, I, 219, 220.

Prouteau Marc), II, 94.

Provence, II, 278.

Provenchères (Charles de), III, 267. 284 ; — Jean-Baptiste-Alexis, III, 267.

Provins, IX, 194.

Prudhomme, II, 172.

Prunet, III, 213 ; IX, VII, 1 à 10, 192, 213, 233, 268 ; X, II, 1 à 32, 282.

Pruneveaux, VIII, 308.

Pruniers, VII, 296.

Pudens Adventus, IV, [25, 138.

Puits funéraire de Primelles, par E. de Beaurepaire, I, III, IV, V ; II, 29.

Puivinault (Claude de), VIII, 149.

Puy (le), IX, 233. 240.

Puy-Barbeau, VII, 207.

Puy du Montet, VII, 160.

Puy-Ferrand, I, 217, 220, 227 ; V, 175 ; IX, 141, 169, 170, 189.

Puy-Jaublin, IV, 324.

Puy (Vincent du) de Vastan-Buxeuil et Villeneuve-sous-Barillon, VIII, 159. 190.

Puy (Gilbert du), VIII, 112.

Puységur (de), archevêque, III, 252.

Puyvallée, III. 235 ; V, 116, 160, 175, 185, 188. 193. 198 ; VI, 38 ; IX, XIII, 214, 262, 278.

Puyvallée (de', V, 120, 139, 160. (V. Bengy.)

Pyramides d'Égypte, d'après les découvertes récentes (les), par Corbin-Mangoux, I, XIV, 313 à 323 ; VIII, XXXVI.

Q

Quantilly, III, 172, 175, 181, 192 ; V, 121.

Quenel (le P.), IX. 305.

Quénin, I, 218.

Quesne (du), III, 8 ; IV, 159.

Quicherat, III, 10, 15, 57.

Quincy, I, 49 ; VI. IV.

Quindray, VIII, 193.

Quinquempoix, VII, 125, 130.

R

Rabot (Jan du), IX, 194, 201, 251.

Raboin, IX, 222, 225, 243.

Racine (Anthoine), VII, 305, 317.

Radonvilliers (de), I, 196, 202.

Raffaitin, IX, XV.

Ragis, X, 285, 286.

Ragneau, IV, 271, 289; V, 144, 145, 147.

Ragon, II, 170; VI, VII à XIII; — Étienne, VII, 203.

Ragottière (la), VIII, 128.

Ragu, III, 76, 77, 80, 83.

Ragueau ou Raguau, I, 250, 252, 260; II, 190; III, 75, 77, 78, 80, 82, 84; VI, 269; IX, 218, 238, 250, 258; — Antoine, V, 181; — Françoise, III, 204; — Gabrielle, V, 181; — Robert, VIII, 270, 274.

Raillard de Verrière, II, 157.

Raimbault Jean, VIII, 144; — Vincent, VIII, 179.

Raimond, VII, 129, 130.

Raisonnet Pierre, V, 113.

Rameau Étienne, VIII, 132; IV, 298.

Rancourt de, III, 228.

Rangeard Étienne, VIII, 154.

Raoul de Déols, IX, 144, 168 à 170.

Raoul de Vatan, IX, 139, 168, 169.

Raoul le Chauve, VII, 43.

Rapin Amédée), I, 328; II, II, 43, 331; III, III, 33, 80, 83, 304; IV, III, 83, 357, 341; V, XII, XIII; VIII, VII; — Edmond, I, XI, XIV, 213, 214; II, III, 229; III, IV, 67, 233, 305; VIII, III, XXXVIII; IX, 182, 301; — François-Jules, III, 233.

Rapport sur le classement des monuments historiques du Cher, par A. de Kersers, V, 13 à 36.

Rapport sur les *Mémoires de la Société des Antiquaires du Centre*, par M. Marty-Laveaux, VIII, XXIX à XLIV; —par M. de Lasteyrie, VIII, XLVII à LVIII; — par M. Chabouillet, VIII, I, à XXIX, LIX à LXIII, LXIV à LXIV.

Rapport sur une épée en fer trouvée à Vornay, par P. de Goy, X, 273.

Rapport sur une note de M. Bariau relative à la signification du mot *Avaricum*, par du Liége, I, I.

Rapports sur les travaux de la *Société des Antiquaires du Centre*, par E. de Beaurepaire, 1867, I, I à XV; — par E. de Beaurepaire et A. de Kersers, 1868, II, I à XVII; — par A. de Kersers. 1869, III, I à XIII; — 1870-1871-1872, IV, I à XVII; — 1873-1874, V, I à XVII; — 1875-1876, VI, I à XVIII; 1877, VII, I à XII; — 1878-1879, VIII, LXXV à LXXXVIII; — par A. de Kersers et G. Vallois, 1880-1881, IX, I à XXIII; — par G. Vallois, 1882, X, I à XIV.

Rasle, VI, 279.

Rat, IX, 239; — Pierre, VIII, 283.

Ratelay, IV, 276; V, 145.

Ratier, IX, 194.

Ravenne, III, 97, 100.

Ravier, IX, 289.

Ravot, VI, 216, 218, 219, 248.

Rayet (Jean), II, 85, 92.

Raymond, II, 85, 92; IX, 231, 278.

Raynal (de), historien du Berry, I, xii, 8, 11, 157, 227, 244, 272, 282, 287; II, 5, 287; III, 55, 92; IV, 106, 116, 124, 147, 178, 189; VI, 40, 44, 50, 64, 71; VIII, lxiii, 108, 350, 351, 355, 356; IX, x, 23 à 71; X, vi, 113, 114, 129 à 151, 237 à 272.

Razé, III, 241.

Ré (ile de), III, 216.

Réau, II, 170, 180, 186.

Reau (le) ou le Ruau, IV, 241, 251, 287, 288, 289, 290.

Rebeyre, IX, 220, 222, 223.

Receux, X, 98.

Recevault (Etienne), II, 174.

Reboullet (Jacques), V, 113.

Reconvergne (Claude de), V, 151.

Refuge (de), IX, 210; — Renée, VIII, 134.

Refutin (Michel), II, 159.

Régime féodal de la terre en Berry avant 1789, par E. Rapin, I, xi; II, iii, 229.

Régiment de cavalerie de la Reine, VI, 207; — de Rébé, VI, 179; — de Ravigny, VI, 207; — royal, VI, 256.

Registres de l'état civil à Bourges, par E. Rapin, III, iv, 67.

Règlement de la Société des Antiquaires du Centre, VI, vi, 345.

Regnaud de Chartres, II, 285.

Regnauldon (Simon), VIII, 157.

Regnault, VIII, 141; IV, 271.

Regnier (François), III, 193, 201, 284; — Marie, V, 124, 178; — des Chaises, IV, 255, 269, 271, 314; — de Guerchy, I, 177.

Reigny, II, 103; IV, 125; VI, x; VII, 2, 14.

Reims, IX, 136, 148; X, 243.

Reischshoffen, X, 122.

Remarques ecclésiologiques sur les églises de Bourges, par Raymond Bordeaux, II, 290.

Renard (Charles), II, xi.

Renardière (la), III, 209, 210.

Renaud (Evêque de Chartres), V, 126.

Renaud de Beaune (archevêque de Bourges), VII, 104.

Renaud de Culan, X, 296.

Renaud de la Porte (archevêque de Bourges), IX, 158.

Renaud de Montfaucon, VI, 121.

Renault, II, 164.

Rennes, IX, 107, 109, 110.

Renol (Claude), VI, 220, 221.

Renou, VI, 223.

Renulph Ier, VII, 166.

Répertoire historique et archéologique du Berry, IX, xviii; — X, xii.

Rère (la), VI, 84; VIII, 111, 192; IX, 268.

Resina, I, 295 à 312.

Restitution du milliaire de Saint-Florent sur-Cher, par Ragon, VI, vii.

Rethel, VII, 99, 100, 101.

Reugny, III, 203.

Reuilly, IX, 146.

Revol (de), IX, 303 et s.

Revue archéologique, III, 9.

Reygnier (Jacques), VII, 204.

Rezard, IX, 246.

Rezé (le), VIII, 286.

Rians, I, 56 ; II, 67 ; VI, 120.

Riau des forges, V, xi.

Ribault de Laugardière (Louise-Virginie), V, 274. (V. Laugardière.)

Ribbe (Charles de), VIII, 207.

Ribemoulin, III. 262 ; V, 253.

Ribier (Péronnelle), VIII, 169.

Ricard, I. 263.

Richard II (archevêque de Bourges), III, 113 ; VIII, 92 ; IX, 157.

Richard, IV, 234 ; — Alfred, X, 296 ; — Georges, VI, 192, 195, 196 ; — Madeleine, IX, 259.

Richard-Cœur-de-Lion, II, 74 ; VI, 111 ; VII, 64 ; VIII, 113 ; IX, 83 à 104.

Riche de Chevigné (Le), IX, 304 et s.

Richelieu (cardinal de), II, xi.

Riffardeau ou Riffardot, II, 78 ; V, 205 ; IX, 261.

Riffaut, I, 60.

Ritté (Paulin), I, ix, 83, 164, 183

à 210, 288 ; II, ii, 81, 298 ; III, iv, 67, 73, 167 ; IV, v, 241 ; V, iii, 107 ; VIII, xxxv, xxxvii, xliv, lxxvi, 205 ; IX, xiii, xix à xxii, 305.

Rigault (de), I, 202.

Riglet, III, 75, 76, 77, 79, 80, 82 ; IX, 193, 258 ; — Anne, III, 213 ; IX, 247, 262, 280 ; Edme, III, 268 ; — Marie-Anne, IX, 288 ; — Michelle, III, 221 ; — de la Limaye, IX, 193, 202 ; — de Létang, IX, 214, 288 ; — de Malçay, IX, 212, 288.

Rigny, III, 239 ; VIII, 295 et s.

Rigny (Pantaléon de), VII, 204.

Rigny (Septier de), VIII, 295 et s.

Rimberts (les), IX, 196, 201.

Ring (de), I, 33 ; X, 10, 11.

Riotot, VI, 183.

Rioubert, IV, 268 ; VIII, 169 ; IX, 261.

Ripière, IV, 241, 257, 258, 267.

Rivière, II, 196 ; III, 76, 77, 80, 82, 84 ; IX, 221, 241 ; — Claude-Agnès, II, 196 ; — Marguerite, IX, 284 ; — de Rifardeau, V, 119 205 ; IX, 261.

Rivière (la), IV, 250.

Robert, VI, 194 ; IX, 222, 282 à 284 ; X, 132, 232 ; — Pierre, VIII, 296.

Robert d'Arbrissel, VII, 47, 48 ; IX, xi, 140 à 152, 155, 156, 159, 169 à 171.

Robert de Bourges, VII, 48.

Robert de Monneville, IX, 303 et s.

Robert de Saint-Vincent, IX, 304 et s.

Robert le Maçon, II, 279.

Robertet, IX, 232 ; — Anne, III, 268.

Robertot, II, 221.

Robillard de Beaurepaire, I, I, IX, 59 à 81, 129 à 158, 211 à 291 ; IX, V, XV. (V. Beaurepaire.)

Robin, III, 77 ; IV, 255 ; VIII, 277 ; — du Sauzay, V, 175.

Robinet, III, 75, 78, 83 ; — Jehan, VIII, 184 ; — des Grangiers, II, 194, 195, 197.

Roc-Amadour, IX, 178.

Rocand (Jean de), VII, 204.

Roche (la), II, 68 ; VII, 74.

Roche-Agnet (la), VII, 130.

Roche-Bernard (la), III, 216.

Rochefort, III, 184, 201, 203, 205, 206, 207, 208, 221, 225, 243 ; IX, 194, 218, 237, 243, 258, 264, 271, 272, 276, 280.

Rochefort (Aimée-Françoise de), VII, 291 ; — Christophe, VII, 99 ; — René, VII, 288, 290, 291, 305.

Rochefoucault (de la), VIII, 313.

Roche-Guillebaud (la), VII, 2, 3, 44, 47.

Rochelle (la), I, 130, 136.

Roche-Lupy (de la), I, 197.

Rochepeau, VII, 108, 203, 209.

Rochères (les), IV, 271.

Rocheron d'Amoy (Charles-Augustin), V, 240, 246 ; — Charles-Gustave, V, 246 ; — Charles-Marie-Pierre, V, 246 ; — Germaine-Marie-Anne-Josèphe, V, 246 ; — Marie-Caroline, V, 240 ; — Marie-Marguerite-Anne-Josèphe, V, 246.

Rochet, 176.

Rochévreux (La), II, 196.

Rochon, IV, 277, 314.

Rochy (le), IX, 191.

Roddes (de), VIII, 178.

Rodez, VI, 326.

Rodillon, IV, 252.

Roffignac (de), IV, 280, 314.

Roger, I, 202 ; IX, 204, 212, 228, 238, 241, 269, 279, 281, 290.

Rogocinus, IV, 36, 169.

Rohan-Soubise (de), IX, 204.

Rohault de Fleury (Julie), V, 245 ; — Lucile, V, 241.

Roi de Bourges (le) à Issoudun, ou le sir de Giac, I, XII.

Roillart, X, 132, 232, 233.

Roize (la), VIII, 268.

Roland (de), I, 335.

Roland-Hébert, I, 159.

Rolland de Chaileranges, IX, 303 et s. ; — d'Erceville, IX, 304 et s. ; — de Juvigny, IX, 304 et s.

Rolland (Marie-Anne de), III, 232.

Rollin, VI, 331 ; — Nicolas, II, 283.

Romagnesi, IV, 5, 7 à 13, 16, 17, 19, 20.

Romanet de Beaune (Marie-Thérèse - Geneviève - Pauline),¹ V, 255.

Rombes, V, 234.

Rome, IX, 130. 132, 151.

Romelot, I, 202; II, 193; VI, 287; VIII, 335.

Romorantin, I, 4: VIII, 110, 111, 112, 132, 169, 170, 171, 172; IX, 243, 261. 270, 271, 282.

Rondets (des , VII, 203.

Rongère (la , IV, 204; VI, 81; IX, 260. 272, 274, 289.

Rongier, IV, 287.

Ronsard, III, 195.

Ronzay, IX, 227. 249.

Rosay ou Rozay, III, 179, 243; IX, 191. 233. 245. 255, 261.

Rosemont (de . IX. 192.

Rosenveig, II, 56.

Rosier le , VIII, 309.

Rosiers (les , I, 156; III, 204, 210: VIII, 253; IX, 217, 220, 226, 230, 273.

Rosset, IV. 250.

Rossignol Laronde, II, 194, 196.

Rotrou de , IX. 205.

Rottay le , VIII. 149.

Roubet, I. IX. 169 à 181 : II, IV, 236 : IV. 312. 314.

Rouen, I, XIII: VI. 133. 140. 163, 315; VIII, 350.

Rouet, VII, 153, 165.

Rougeon, VIII. 353.

Rouger. VI, 195.

Roujault. IX. 214 à 243, 250, 257.

Rousay, IV, 330.

Rousseau, IV, 324, 325, 327; — Aignan, III, 175, 285; — Catherine, V, 171; — Jacquette, IX, 197, 248, 249, 252, 256, 277; — Jeanne, III, 175; — de la Motte, Antoine, III, 86.

Rousseaux (les), VI, 38, 63, 64.

Roussel du Montsaux, VIII, 287; — des Ternaux, VIII, 286, 292.

Rousselet (Léonard), VIII, 181.

Rousselan, V, 117.

Rousson, II, 219.

Roussy (Anne de), VII, 194.

Routy. IX, 311.

Rouvelin (Jean), VI, 221 à 225, 245 à 247.

Rouvre (de , I, 22, 32: VI, 28.

Roux (Jehanne Le), VIII, 138.

Roy (Jean . VI. 248.

Roy (Le), IV. 245, 248, 249, 315. (V. Leroy.)

Royard (Guillaume), V, 113.

Roye de la Rochefoucault (de), cardinal-archevêque de Bourges, I, 190, 195, 196.

Royer (Pierre). VIII. 157.

Roze, VI, 238: IX. 202, 204.

Roze (la , V, 249.

Rozoy (de , V. 235.

Ruben de la Condamine, IV. 278.

Rue de la , IX. 243, 245; — Sébastien, III. 244; IX, 261, 269; — Thomas, I, 257 à 260 — Toussaint, I, 238, 253; III, 244, 285; — Vincent, IX, 262, 269.

Ruellé, II, 91; III, 75, 78, 80, 82;
IX, 202, 219, 264, 269, 274;
— Anne, V, 153; — Catherine,
V, 153; — Claude, V, 152; —
— François, V, 151; — Fran-
çoise, IX, 282; — Jean, V, 151; —
Joseph, V, 153; — Marie, V,
152; — Pierre, II, 87; — de la
Chaume, Elie-Léon, V, 152; —
des Beurthes ou des Burthes,
IV, 294; V, 152; IX, 210, 254;
— du Chênet, Maurice, V, 152;
— du Gué, IV, 263, 264, 274,
315.

Ruellet, II, 196.

Fuffec, VI, 314.

Ruffray, II, 94, 119, 150, 170, 188,

Ruinart de Brimont (Claude-
Jean-Thierry), V, 268; —

Etienne-Sosthène, V, 268; —
Marie-Joseph-Alphonse, V, 269;
— Marie-Stéphanie-Marthe, V,
268; — Marie-Thierry-Camille,
V, 268; VIII, LXXVI, 83; IX, XI,
129 à 173, 321.

Ruines romaines, I, III, IV, V, 18,
25, 32, 59 à 81, 83 à 85; II,
III, V et s., 21 et s., 43; III, III
et s., 25, 27; IV, 179; V, 15,
27, 31, 66, 81; VI, IV, V, VII,
VIII, XI, 43, 79, 91 à 95, 283 à
328, 330, 332; VII, 19, 20, 22,
25, 26, 237, 239; VIII, LXXVI
et s., 25; IX, III, VIII, 11 à 22,
73 à 77; X, IV, V, X, 79, 84,
258, 259, 267.

Rumigny (d'Estat de), IX, 197.

S

Sabinus, IV, 116, 121.

Sablé, II, 281.

Sablon (Le), X, 98 et s.

Sablonnière, VI, XIII.

Sac (Le), IX, 261.

Sacriste (Marie-Thérèse-Amélie),
V, 237.

Sacrum-Cæsaris, X, 241, 263, 268.

Saget, II, 171; IX, 304 et s.

Sagot (Gilbert), VIII, 161; — Toussaint, VIII, 141, 190, 191.

Saigne (de Saint-Georges de la),

IV, 329; — Edme-Philippe, III,
266, 282; — Marie-Madeleine-
Aimée, III, 266.

Saincaize, I, 198; III, 27.

Saint, (V. Eglises.)

Saint-Aignan-sur-Cher, III, 96;
VIII, 111, 112, 184, 222; IX,
204, 217, 275; X, 303.

Saint-Aignan des Noyers, VII,
319.

Saint-Aignan-de-Vercillac, X,
116.

Saint-Amand, I, 25, 38, 268 ; II, 97 ; V, 28, 34 ; VI, 135, 267, 327 ; VII, 97, 98, 107, 117, 273 ; IX, 214, 223, 232, 244, 256, 264, 287 ; X, 270.

Saint Ambroise, VII, 8, 9.

Saint-Ambroix-sur-Arnon, I, 209, 332 ; III, 1 et s., 58, 60 et s., 73, 307 ; IV, 158 ; VI, 60, 247 ; IX, 135, 180 ; X, 31, 245.

Saint-André de Fontenay, V, 5.

Saint-André-des-Arts, II, 277.

Saint-Antoine, III, 144.

Saint-Antoine (de), IV, 262 ; IX, 195.

Saint Antoine de Padoue, III, 140 ; VI, 85.

Saint-Aoustrille (Indre), VI, 97 et s. ; X, 32.

Saint-Août, I, 142, 146, 147, 150 ; VII, 3, 49, 137, 142 à 144, 150, 175 ; IX, 217.

Saint-Aubin, III, 268.

Saint-Aubin (Loiret), VI, 40.

Saint-Aubin du Cormier, IX, 107.

Saint-Augustin, IX, 288.

Saint-Augustin-lès-Limoges, VIII, 220, 221.

Saint-Avit, III, 96.

Saint-Baudel, I, 54 ; II, 219, 221.

Saint-Benoit-du-Sault, V, VI ; VIII, 31, 85 ; X, 106.

Saint-Benoit-sur-Loire (abbaye), IX, XVI, 139.

Saint Bernard, III, 127, 130.

Saint-Bonnet (de), IX, 209, 228, 232.

Saint-Caprais, II, 100.

Saint Césaire, VII, 246, 247.

Saint-Chartier, VII, 60, 61, 78.

Saint-Christophe, VII, 17 ; — le-Chaudry, IV, 125.

Saint-Ciran, III, 251.

Saint-Civran, VIII, 31.

Saint-Clivier, III, 14.

Saint-Cyr, III, 231.

Saint Denis, III, 156 ; IX, 146, 161, 164 à 168.

Saint-Denis de Palin, II, 51 ; IV, 255.

Saint Désiré (archevêque), III, VI.

Saint-Désiré (château), IX, 133, 166.

Saint-Dié, V, 118.

Saint-Dizier, I, 217.

Saint-Doulchard, IV, XII, 270 ; VI, 33, 53.

Saint Ebbes, X, 113.

Saint-Eloi-de-Gy, III, 127 ; V, X ; VI, 33 et s., 81 ; VII, 235.

Saint Etienne, I, 161.

Saint-Etienne de Coldres, VII, 247.

Saint-Etienne de Nevers, III, 106.

Saint-Euverte (d'Orléans), III, 130.

Saint-Exupery (Joséphine-Pauline-Marie de), V, 271 ; —Jacques, V, 270 ; —Marie-Jacques-Anatole-Joseph, V, 271 ; — Marie-Joséphine-Pauline-Madeleine, V, 271 ; — Marie-Paulin-Albert, V, 270.

Saint Félix (archevêque de Bourges), V, 88.

Saint-Florent-sur-Cher, IV, 131 ; V, 15 ; VI, vii à ix.

Saint-Flour, IX, 240.

Saint-Gabriel, II, 299.

Saint-Gaultier, VI, 342, 344.

Saint-Gédéon, III, 58.

Saint-Gelais, VII, 138 ; IX, **215.**

Saint-Gelais-Lusignan (de). IX, 217 ; — Hugues, VII, 138.

Saint Genès, VII, **20, 21, 27, 28,** 29.

Saint-Genès (faubourg de Châteaumeillant), VII, **52,** 103, 120.

Saint-Genitour du Blanc, III, 119.

Saint-Genou, III, 104, 106.

Saint Georges. VII, 277 et s.

Saint-Georges, V, 188 ; VII, 73 ; IX. 193. 214, 222, 230, 232, 254, 272, 274, 278.

Saint-Georges de Poisieux, VII. 273.

Saint-Georges-sur-la-Prée, VIII, 110, 113, 150, 151 ; X, 293.

Saint-Georges-sur-Moulon, IV, 288.

Saint-Georges (de), II, 196.

Saint-Germain des Prés, III, 107.

Saint-Germain du Puy, IV, 317 ; V. 131, 150.

Saint-Germain-en-Laye, I, 142, 143, 146 à 148, 153, 294 : VI, 255.

Saint-Germain-sur-l'Aubois, I, 54 : II, 336.

Saint-Gildas, I, 159 ; IX, 100.

Saint-Gondon ou Gondulf, VII, 72, 94.

Saint-Hilaire, II, 156 ; IV, 250.

Saint-Hippolyte, I, 17, 22, 32, 62.

Saint-Hippolyte (de), III, 48.

Saint-Igny, V, 117, 118 ; VIII, 236.

Saint-Janvrin, VII, 2, 14, 22, 142, 155, 159, 177, 193, 197, 201, 202 ; X, 106.

Saint-Jean d'Angély, I, 137.

Saint-Jean de la Commanderie, I, 209.

Saint-Julien-le-Pauvre, II, 219.

Saint-Julien-sur-Cher, VIII, 113, 162.

Saint-Jullien (Guy de), VII, 207.

Saint-Just, VIII, 291 ; IX, 199, 224, 250, 255.

Saint-Just-sur-Lyon, VII, 105.

Saint-Lactenein, IX, 229 ; X, 92.

Saint-Laurent (abbaye), I, 208, 280 : III, 60 : VIII, 264 : IX, 202, 211, 233.

Saint-Laurent-sur-Baranjon, V, 183 : VI, 86.

Saint-Lazare de Jérusalem (Chevaliers de). VII, 143, 144.

Saint-Léger-Maquareix, V, vi.

Saint-Lomer de Blois, V, 5.

Saint-Louis, X, 110.

Saint-Loup, III, 248 : IX, 256.

Saint-Loup des Chaumes, I, 16.

Saint-Loup-sur-Cher, VIII, 79, 113, 138, 168, 186, 187.

Saint-Maixent, IX. 137.

Saint-Marcel, I, 78.

Saint-Martial, VIII, 86, 89.

Saint-Martin (évêque), VII, 27, 30 ; X, 125 à 127.

Saint-Martin-d'Auxigny, IV, 292; VI, 33. 62. 63, 66, 67, 113 ; VIII, 359 ; IX. 215, 224.

Saint-Martin de Brives (cimetière), IV, 27, 28, 29, 31, 141, 162. 171.

Saint-Martin des Lacs. III, 206.

Saint-Martin du Tilleul, V, 6.

Saint-Martin de Sancerre (église), X, 252, 253.

Saint-Martin (Athenaïs de), V, 216 : — Gabriel, V, 217.

Saint-Maur. VI. xII : VIII, 101.

Saint-Mesmin (Marie-Madeleine de), VIII, 170.

Saint-Michel, V, 123 : IX, 234.

Saint-Mihiel, VIII, 215.

Saint-Ouen de Rouen. III, 119.

Saint-Outrille-lès-Graçay, III. 101, 103, 113, 115, 118 : V, v. 17, 27, 31.

Saint-Olon (de). IX, 232.

Saint-Palais. I, 269; III. 144.

Saint-Palais (Marie de), VII, 287.

Saint-Paul de Turenne, IX. 138.

Saint-Père (de), III. 76, 78 : IX. 284 : — Anne, III, 211. V, 124, 178 : IX. 219, 230. 252 : — Claude, V, 122 : — François. V. 122; — Henry. V. 122.

Saint-Philippe. I. 162.

Saint-Pierre de Chirac, IX, 138.

Saint-Pierre des Étieux, III, 108 ; V, 28, 32.

Saint-Pierre de Ternay, III, 207.

Saint-Pierre d'Ezerche, I, 196.

Saint-Pierre-du-Mont, VIII, 292.

Saint-Pierre-le-Moûtier, I, 197; IV, 258.

Saint-Pierre-lès-Bitry, V, 5.

Saint-Pol (Alfred de), V, 240 : — Charles-Marie-Pierre-Alfred, V, 241 : — Marie-Pierre-Ludovic-Fernand, V, 240.

Saint-Priest, VII. 2.

Saint-Quentin, V, 22 : VII, 116, 118.

Saint-Remy de Reims, III, 103, 134. 156.

Saint-Révérien, I. 73.

Saint-Roman d'Albon, IX, 199.

Saint-Romble, X. 261.

Saint-Satur, I, xII, 196 ; III, 131, 147 ; V, 24, 28. 33 ; VI, 121, 140 : VIII, 39. 90, 102, 233 ; IX, 137 ; X, 237 et s., 243, 244, 249, 252. 253, 256, 258, 260, 270.

Saint-Saturnin, I, 15, 37 ; V, VIII; VI. 100 : VII. 1.

Saint-Sépulcre de Jérusalem, III, 110 : — de Vierzon, IV, 292, 293.

Saint-Savin. III, 110.

Saint-Sulpice (confesseur), I, 194 ; VI, 138.

Saint-Sulpice (abbaye de), I, 269 ; VI. 300, 304 : VII. 87 : IX. 147. 248 : X, 262.

Saint-Symphorien. II, 219.

Saint-Thibault, III, 27 ; X, 239, 258.

Saint-Toul, IX, 151.

Saint Ursin (apôtre), I, 161 ; V, 97 ; VII, 267, 270; IX, 156, 231 ; X, 271, 272.

Saint-Victor (abbaye), II, 270.

Saint-Victor (de), VI, 305 à 321.

Saint Vite, IX, 138.

Sainte-Blandine, IV, 173.

Sainte-Croix, IX, 197.

Sainte-Foy (de), VI, 268, 276.

Sainte-Lizaigne, III, 268.

Sainte-Lunaise, II, 69, 219.

Sainte-Marie des Chappes, IX, 138.

Sainte-Montaine, I, 51, 55 ; II, 55.

Sainte-Perpétue, II, 92.

Sainte-Radegonde, I, 15, 17, 62.

Sainte-Sévère, I, 116 ; VII, 74, 111, 128 ; X, 303.

Sainte-Solange, III, III, 7, 123 ; IV, 77, 79 ; V, 184 ; IX, XIV, XV.

Sainte-Solange patronne du Berry, IX, 202, 216.

Sainte-Thorette, II, 90, 179 ; III, 239.

Saladin, IX, 84 à 94.

Salat, IV, 245.

Salazar (de), IX, 323.

Salbris, VI, 34, 37, 82, 83, 86; VIII, III, 112, 113, 155, 184.

Salignac, IX, 264, 266.

Salignat (de), VII, 195.

Saligny, II, 88.

Salle (la), VII, 108, 203, 208.

Salle-le-Roi (la), VI, 115; IX, 213.

Salle (de La), I, 143, 148.

Sallé, III, 75, 76, 78, 80, 81, 83; VI, v, 238, 332; — François, IV, VII ; — de Chou, VIII, 304, 350, 351.

Sallonyer, I, 197 ; — de Charonnot, VIII, 295.

Salsogne, V, 236.

Salus (de), VI, 202.

Sampigny, VII, 155.

Sampigny d'Issoncourt (Achille-Louis de), V, 276; — Gabrielle-Laure-Louise, V, 276.

Sancergues, III, 133, 142; V, 22, 28, 34; VI, 124; X, 294.

Sancerre. I, VI, 211, 212, 213 à 218, 227, 294; II, 22, 62, 185; III, 189, 258; V, 29, 33; VI, 23, 122, 140, 194, 247; VII, 79, 88; VIII, 39, 71, 103, 114, 282, 287, 304; IX, XVII, 79, 137, X, 237 et s., 302.

Sancerre (comtes de), X, 245 à 259, 263, 265, 268; — Jean III, VII, 89; — Louis, VII, 91.

Sancoins, II, 88, 152; III, 39, 192; IV, 131.

Sandin, VI, 33, 53, 54.

Sansas, VIII, XII, XIII.

Sapiens, I, 195; III, 75, 78, 80.

Sarcophage carlovingien, IX, III; — mérovingien, VIII, LXXXI.

Sardé (Pierre), III, 247.

Sarragosse, IX, 279, 283.

Sarrazin, III, 76, 78 ; IV, 254. 256, 313 ; VIII, 238 ; IX, 184, 201, 212, 280 ; — Antoine, IX, 280 ; — Marie, III, 235 à 238, 240 ; V, 116 ; — Vincent, V, 116 ; — de Solangy, IX, 211, 212.

Sarron, IX, 224.

Sarton (François), VIII, 173, 176, 177 ; — Pierre, VIII, 138, 182.

Sassy, III, 205, 268.

Saugé (Pierre), VIII, 180.

Saulcier, IV, 255.

Sauciet, VI, 194.

Sauley (de), III. 297 ; X, 279.

Sauldre (la). I, 50. 51, 55 : II, 55; IV, 294; VI. 45. 51, 82, 84.

Saules (les). IX, 214.

Saulieu (de), I, 197.

Saulzais-le-Potier, IV, 125, 331 ; VI, x; VII, 14 16, 273 ; VIII, 31; IX, viii; X. 106.

Saulzet de Souchère (Anne-Charlotte du), V, 230.

Sausay, V. 173.

Saussaye (de la), I, 51, 55; II, 55, 309, 314 ; VI, 44 à 46, 84 : — Françoise, III, 178, 187, 235, 268.

Sauvat (Anne), V, 120 ;—Claude, V, 118 ; — Marie. V, 120.

Sauveterre, VIII, 110, 138, 162, 166, 186, 187, 188.

Sauzay, VIII, 190.

Sauzay (de), II, 194 : III, 78, 80, 81, 82, 83, 237 ; V, 188 ; IX, 194, 208, 214, 224, 280 ; — Cathe-

rine, IX, 247 ; — Charles, III, 179, 285 ; — Françoise, IX, 245; — Guillaume, III, 179 ; IX, 284; — Louis, III, 179 ; — Marie, III, 179 ; — Robert, IX, 284 ; — de Boisbriou, François, IX, 279.

Savarière (la), VIII, 162, 163, 165.

Savary (Gilbert). VII, 194 ;— Jacques, VII, 194.

Savigny, III, 228 ; IX, 149, 267; IX, 256, 267.

Savigny-en-Septaine, II, 242 ; III, 125, 127.

Savoye, III, 220 ; V, 198.

Saxiacus vicus, X, 242.

Scaliger, I, 2, 217; IV, 110.

Sceau de Léodegaire (notice par A. de la Guère), IX, 155 à 163, 321.

Scorailles (de) ou Escorailles, V 133. 235.

Sculptures du moyen-âge, IV, 32 à 40 ; V, 17 à 25, 28, 29, 36 ; IX. III, xix, 76.

Sculptures modernes, VII, 57.

Sculptures romaines, I, 60, 63, 65, 74 à 78 ; II, iii, 23, 24 ; III, x, 26; IV, ix, 3 à 31 ; V, 17, 32, 67, 78 ; VI, 290, 325, 332; VII, 13, 15 ; IX, ix, xv, 11, 12, 20, 22, 73 à 77; X, 69 à 78, 117 et s.

Sebeau, V, 174.

Sebize (Jean), VII, 201.

Secretain (Marguerite), VIII, 285.

Sedan, III, 206 ; VI, 181.

Segry, VIII, 241 : — Jean-Jacques, VI, 230.

Seignelay (de), II, 224 ; IX, 238.

Selleron, III, 251.

Selles-Saint-Denis, VIII, 113, 115.

Selles-sur-Cher, VIII, 111, 112, 189 ; X, 303.

Sellière (la), VIII, 295.

Semelier, IX, 268.

Séminaire de Bourges (grand), I, 160, 206 ; III, v, 73 ; IX, 189, 200.

Séminaire Saint-Célestin (petit), III, vii ; V, 1, 48.

Senay, VIII, 152, 236.

Senectère (de) (ou de Senneterre), III, 177 : — Henry, VIII, 130, 131, 136 ; — de la Ferté (Françoise-Charlotte), VIII, 131, 132.

Senerye (Michel de La), VIII, 186.

Senguin (Guillaume), II, 273.

Senlis, II, 272.

Sennecay, II, 331 ; IV, 272.

Senneville, IX, 246, 269.

Sens, VI. 265 : X, 113.

Sept-Fonds, VII, 210.

Septier (Louis), VIII, 295 et s. ; — de la Sellière et de Colombel, Jacques, VIII, 295.

Sépulture à Dun-le-Roi (exploration) par Alfred de Lachaussée, IV, 53 à 81.

Sépultures antiques du boulevard de l'Arsenal à Bourges, par A. de la Guère, G. Vallois, P. de Goy et A. de Kersers, X, iii, 33 à 78.

Sépultures du moyen-âge, III, v, vi ; IV, xiii, 34 à 40 ; VIII, lxxvii ; X, 18, 19, 27.

Sépultures franques, VI, xiv.

Sépultures gauloises, I, 54 ; II, 29, 51, 53 ; III, viii, 7 et s.; IV, 41 à 52 ; V, ii, 1 à 11 ; VI, v, 286, 291, 301, 303 ; IX, xiv, 1 à 10 ; X, ii, iii, 1 à 32, 34, 35, 54, 55, 273.

Sépultures modernes, IV, 39, 40.

Sépultures romaines, I, iii, iv, v, 31, 32, 46, 49 : II, v, 21 et s., 29 et s.; III, iii, v et s.; IV, ix, 22, 25 à 32 ; V, ii, 27, 66 ; VI, 91 à 96, 290, 291 ; VIII, lxix, lxxix, 28, 29, 31, 32, 33 ; IX, viii, 11 à 22 ; X, iii à vi, 15 à 82, 98 et s., 259.

Sépultures gallo-romaines du Sablon et de la Curat, X, 98.

Sépulture gauloise du séminaire Saint-Célestin, par A. de la Chaussée, V, 1 à 11, 37.

Sépultures romaines de Fontillet, par Ch. de Laugardière, V, 37, 64 : VIII, lxix.

Séraucourt (place), II, 40 ; IV, ix, 61, 173, 174, 175, 338 ; V, 86 ; IX, 209, 210.

Séraucourt (Dey de), IX, 241.

Sereunes, VIII, 158.

Sergent, III, 78, 80 ; IX, 224.

Séries monétaires seigneuriales du Berry, X, 301.

Serra (Anne-Marie), V, 131.

Serre, VII, 108, 204.

Serruelles, II, 219.

Servant. IV, 253, 313.

Servanterie (la), III, v.

Servières (de). IX, 201, 216, 232.

Sery (Nicolas), VIII, 159.

Sculy (Henri de). VIII, 113.

Scurrat, III, 76, 80 ; IV, 251, 313 ;
V, 103 ; — Pierre, VIII, 157 ; —
de Clerandry. IX, 247, 260 ; —
de Lissay, IX, 199, 257, 271,
272, 281 ; — de Morett, Albert-
Claude, V, 246 ; — Alix-Eu-
phrasie-Marie, V, 246.

Séve (de). I, 147.

Sévetreville, V, 206.

Séville (Isidore de), VII, 8.

Sevry, III, 215.

Sextius, I, 32.

Sichamps, I, 198.

Sidiailles, I, 15, 26 à 29, 32, 37 ;
VII, 1, 23, 78 : X, 108.

Sidoine Apollinaire, VII, 9.

Sifflet, II, 124, 182.

Sigaut de Lafont, VIII, 350.

Sigillographie, VII, 75, 96, 320,
321, 322, 323, 324, 325 ; VIII,
113, 365 ; IX, XI, XVI, 153 à 163,
321 à 324 ; X, 306.

Sigogne, IX, 197.

Sigonneau. VIII, 130, 131, 154.

Sigovèse, VII, 6.

Silex funéraires, X, 8, 10.

Silius, IV, 152.

Silvestris, IV, 152.

Simon, III, 82 ; IX, 222, 265 ; —
Jacques, VIII, 183 ; — René,
VIII, 134.

Simon de Beaulieu (archevêque),
VII, 78.

Simonet-Morin, VII, 79 ; — Sylvain, VIII, 193.

Sinay, V, 157.

Singer (Jean), II, 122, 138.

Sinson (Pierre), V, 206 ; — de
Sévetreville (Adelaïde-Olympe),
V, 200, 206.

Sioudray (de), VII, 160, 204.

Sirot, II, 335.

Société archéologique de Dun-
le-Roi, I, 61, 62, 70 : VIII, 358.

Société du Midi de la France,
IX, 114.

Société d'agriculture de Meillant, VIII, 348, 349.

Société d'agriculture du Cher,
VIII, 334, 348, 354.

Société d'anthropologie, X, 5, 14.

Société d'émulation de l'Allier,
I, IX.

Société des Antiquaires de France, VII, 247 : IX, VIII.

Société des Antiquaires de Nor-
mandie, I, IX ; IX, XVI.

Société des antiquaires du Centre,
histoire. développements, I,
II, XV, 167, 337 ; II, I à XIX, 22,
317 ; III, 309 ; IV, 354 ; V, XV,
XVI, XVII, 11, 16, 35 ; VI, VII,
345, 354 ; VIII, I, III, IV, V, XI,
XLVII, LXXIII, 205, 340, 361, 369 ;
IX, V, VI, XVIII à XXIII, 325 ; —
Règlement. VII, 327.

Société du Berry, I, 2, 211 ; II,
40 ; VIII, 358 ; X, XIV.

Société française d'archéologie, I, v.

Société historique et littéraire du Cher, VIII, 357.

Société d'amis de l'agriculture, etc., VIII, 349.

Sociétés savantes du département du Cher, par A. de Kersers, VIII, 333 à 362.

Sœurs de la Charité, I, 208.

Soire, II, 59.

Solangy, IX, 211, 212.

Solier (le), IV, 295, 296 ; VIII, 213 ; IX, 219, 245. 246, 278.

Solimara, IV, 118.

Sologne, II, 90.

Solus de Villarceau, IX, 273.

Somart ou Sommart, V, 199 ; — Jean, V, 199. (V. Soumard.)

Somme (la), I, 25, 36.

Somme-Bionne, IX, 8.

Somsois, III, 11.

Somme-Tourbe, IX, 8.

Sorbonne, compte-rendu des lectures faites à la section d'histoire et philologie, par M. Hippeau, VIII, LXIII ; — par M. Chabouillet, VIII, LXIV, LXVI, LXIX, LXXII.

Sorbonne (médaille d'or reçue par la Société des Antiquaires du Centre à la), VIII, 360 : IX, VI.

Sorbonne (réunions et lectures à la), I. VI ; II, VII : V, III, V, 59 ; VI, II, VII, IX : VIII, I, XLIX : IX, 1 à 10; X, II, III.

Sorel (Jean), VIII, 183.

Sorinus, IV, 116.

Souches (les), VIII, 188.

Souciet, III, 76, 82 ; IX, 232.

Soudré (Marguerite), VIII, 184.

Souesmes, III, 253, 255. 258 ; VI, 84, 87 ; VII, 320 ; VIII, 111, 112.

Souffain-Lavergne, II, 191, 196.

Soulangis, III, 36 ; VI. 249.

Soulier (le), III, 202.

Soumard, II, 124, 192, 197 ; III, 76, 78, 82, 285 ; V, 199 ; VI, 311 ; IX, 261, 264 ; — Angélique, IX, 265 : — Anne-Angélique, V, 202 ; — Anne-Madeleine, III, 227 ; V, 206 ; — Anne-Marguerite, V, 203 ; — Anne-Victoire, V, 204, 206 ; — Antoinette, V, 201 ; — Claude, V, 202. 203, 204, 205, 206 ; — Claude-Germain, V, 202, 203 ; — Claude-Jean, V, 203 ; — Claude-René, V, 207 ; — Élisabeth, V, 201 ; — Etiennette, V, 204, 205 ; — Fiacre-Germain, V, 203 ; — Gabriel, V, 200 ; — Germain-Pierre, V, 204 ; -- Louis, V, 203 ; — Madeleine, V, 205 : — Marguerite, V, 205 ; -- Marie-Angélique, V, 203 ; — Marie-Gabrielle, V, 203 ; — Marie-Madeleine, III, 220 : V, 199, 203, 206 ; — Philippe, V, 207 ; — René, V, 206, 218 ; — René-Vincent, V, 205 : — Roger, V, 200, 204 ; — Vincent, III, 227 : V, 200, 204, 205 ; —

de Beaulieu, V, 202, 203 ; — de Boisroux, II, 193 ; V, 201 et s. ; — de Crosse, II, 193 ; VIII, 335, 336, 344 ; — de Forges, V, 205 ; — de la Grange, V, 205 ; — de Linières, IX, 238 ; — de Pigny, V, 200 ; — des Cossons, V, 204 ; — des Engarands, V, 201 et s.; — de Villeneuve, Anne - Élisabeth, V, 209 ; — Anne-Claire-Eugénie, V, 207 ; — François, V, 208 ; — Julie-Agathe-Alix, V, 207 ; — Louise-Marie-Madeleine, V, 209 ; — Marie, V, 210 ; — Marie Alphonse-Charles, V, 210 ; — Marie-Angèle-Blanche, V, 210 ; — Marie-Jacques-Ernest, V, 210 ; — Marie-Julie, V, 208 ; — Madeleine-Félicie, V, 207 ; — Pierre, V, 208, 218.

Soupize, VIII, 235 ; IX, 264 ; X, 273.

Sourdeau de Beauregard (Louise-Euphrasie-Valérie , V, 246.

Sourdière (la). III, 268.

Souterraine (la). VI, 97.

Souterrains, V. vii, viii ; VI, i, 97, 99, 100, 105. V. Grottes.)

Souterrains calcinés, X, ii, 16 à 32.

Souterrains de Saint-Ambroix, par le Dr Pineau. III. 1 à 5 ; X, 31.

Souterrains refuges de Saint-Aoustrille (Indre), (Notes sur

deux), par A. des Méloizes, VI, ii, 97 à 106 ; X, 32.

Souvigny, IX, 138, 139.

Soye ou Soix, III, 207, 208, 209, 224, 243, 245 ; V, 181 ; IX, 237, 247, 258, 271, 276.

Sperendeus, IV, 37, 169.

Spire, III, 100, 123.

Statistique monumentale du Cher, par A. de Kersers, IX, xxiii ; — canton des Aix-d'Angillon, VIII, lxvi.

Stèles, II, vii, 30 ; VII, i ; X, 35, 69 à 78.

Stèles découvertes à Bourges, en septembre 1875 et septembre 1877, par A. de Kersers, VI, 91 à 96.

Stromboli, I, 307.

Subdray (le), VIII, 267, 276.

Subligny, X, 261.

Substructions antiques de la rue Saint-Paul, à Bourges, décrites par E. de Beaurepaire, I, iii, iv.

Suèvres, X, 104.

Suez (inauguration du canal maritime de , par Corbin-Mangoux, III, iv, 289.

Suffré, IX, 271.

Suffren (bailli de , III, 235.

Suilly, II, 277.

Sully, VII, 3, 78.

Sully (de , III, 163 ; VI, 110 ; VII, 89, 94 ; IX, v ; — Archambaut, VII, 66 ; — Catherine, VIII,

135, 137 : — Jean, VII, 87, 89 ;
— Henri III, VII, 77, 78 : —
Henri IV. VII, 80, 85, 86, 87 : —
Louis, VII, 88, 89 : — Marie,
VII, 89, 90, 94 ; — Perrenelle,
VII, 78 ; — Philippe, VII, 87 ;

— Simon, VII, 71.
Sully-sur-Loire, VI, 116, 139.
Sure, IV, 273 ; V, 145.
Surirey de Saint-Remy (Madeleine-Hélène), III, 219.
Sury-en-Vaux, X, 261.

T

Table des noms de la généalogie de Bengy, V, 313 ; — Gassot, IX, 291 ; — Hodeau, VIII, 325.
Table des noms contenus dans les inscriptions romaines, IV, 191.
Table du règlement de police d'Issoudun, X, 235.
Table générale des publications de la Société des antiquaires du centre, X, VII.
Table-Ronde (ordre de la) à Bourges, IV, 350.
Tabot de Chantaume, VII, 203.
Tabouet, X, 132, 232 ; — Jeanne, V, 201.
Tagournet, I, 144.
Tailhandier du Plaix, V, 133.
Taille (Alexandre-Louis de la), V, 275 ; — Marie-Augustine-Berthe, V, 275.
Tailles à Bourges, IX, 195, 199, 228, 230, 233, 242, 269, 282, 290.
Talleyrand (de), V, 237.

Taillon, I, 198 ; IV, 270.
Taisseau (le), I, 18.
Talon de Louvencour (Marie), VII, 144.
Tandeau de Marsac, IV, 277 et s., 346.
Tanneguy du Chastel, II, 278.
Tannière (la), V, VIII, 66, 81.
Tapisseries, IX, X, 83 à 128.
Tarascon, III, 269.
Tarbes, II, 206.
Tarboicher de Brézé (Abraham-Jean-Félix), III, 231, 285 ; — Antoine, III, 231.
Tardieu (Amédée), V, 263.
Tardy, IX, XI.
Tarification des objets de consommation à Issoudun, X, 137 et s.
Tarlier, VII, 243 ; VIII, 6 ; IX, I.
Tatereau (Pierre), II, 162.
Taunerre (de), VII, 128.
Tausserat, IX, III.
Tavannes (Gaspard de), V, 260.

Tellier (Le), I, 146 à 148 ; II, 218 ; IX, 281.

Tell-le-Grand, VII, 162.

Temple (le), III, 215 ; V, 223 ; IX, III.

Tenaille-Champton, VIII, 293 ; — Lesnot, VIII, 293.

Tenatius, IV, 140.

Tendre (Le), I, 134.

Tendron, II, 72, 78, 88, 90 ; III, 244.

Tène (la), III, 10 et s.

Tenon (de), I, 179.

Terlan, III, 238 ; VIII, 152 ; IX, 256.

Ternaux (les), VIII, 286, 292.

Terray, VIII, 339, 346.

Terrée (la), IX, 198, 207.

Terrefranche, I, 135 ; V, 169.

Tertres et tumulus, I, 13, 16, 50 à 56 : II, II, 49 à 80, 209 et s. ; III, 38 ; IV, 41, 44 ; V, I, 11 ; VI, 45 ; VII, 21 ; IX, VII, 1 à 10, 321 ; X, II, III, 1 à 32, 273.

Teuriau de Charnillou, II, 68.

Texier, II, 21.

Teyssonnière (de la), IV, 332.

Thabaut, IX, 198, 207.

Thadée de Bourgeot, III, 306.

Than, IV, 252.

Thartontis, IV, 187.

Thaumas de la Thaumassière, César, I, 215 à 217 ; — Claude, I, 215 ; — Gaspard, historien, I, IX, XII, 2, 3, 9, 21, 90, 129 à 158, 162 à 164, 184, 185, 203 ; II, XVII, 230 : III, 54,

157 : IV, 110, 118, 137, 253, 286, 287. 289 ; V, 108, 175 ; VII, 143 ; VIII, 108, 110, 114, 115, 118, 123, 276 ; IX, XIII, 188, 189, 219, 248 ; — Jacques, I, 227 ; — Jean, I, 225 ; — Joseph, I, 225 ; — Nicolas, I, 225 ; IX, 287.

Thaumassière (La), sa vie, ses relations et ses œuvres, par E. de Robillard de Beaurepaire, I, 211.

Thaumiers, II, 30 : III, 126 ; IV, 313.

Thé, VIII, 297.

Theil, IV, 290.

Theillay, VI, 66.

Thenioux, II, 57 ; VIII, 110, 111, 112, 113, 129, 153.

Théodoric II, VI, 137.

Théodulphe, dit Bobolène, VIII, LXXXIII.

Théophile, IV, 204, 206.

Thérieux, III, 179 ; V, 175.

Thery, V, 168.

Thevenet (Catherine), V, 156.

Thévenin, IV, 260 ; IX, 244, 264 ; — Jeanne, VIII, 274 ; — Marguerite-Françoise, V, 213.

Thevenot, IV, 195.

Thevet, I, 178, 270.

Thibaud, comte de Blois et de Chartres, VIII, 114.

Thibaud de Navarre, VI, 141.

Thibaud de Sancerre, IX, 137.

Thibault, IX, 224 : — Anne VIII, 222, 286 : — Claude, VIII, 159 ;

— François, III, 202, 286 ; — Jacques. VIII, 183 ; — Jeanne, III, 179.

Thibaulx (les), VIII, 156.

Thiboust (Collette). III, 173 ; — de Quantilly, Jacques, III, 173 et s., 181, 269,286 ; — Jacqueline, III, 247 ; — Marie, III, 192 ; IV, 324 ; V, 121.

Tichemont, V, 234.

Thienge (de), VIII, 150.

Thierry de Montfaucon, IX, 169.

Thieullier, IV, 242.

Thiolat, III, 213 ; V, 147, 184.

Thiollet, IV, 4.

Thinat, I, 221.

Thizay, I, 273 ; II, 210 ; V. III, 66, 81 ; VI, 99 ; VII, 240 ; IX, 213, 247, 280, 322 ; X, 81.

Thomas, I, 260; III, 75, 76, 78, 80, 81, 82, 84; IX, 289; — Leroy, IX, XVI ; — Scuier, VI, 124.

Thomas des Colombiers (François), III, 264 ; — François-Henri, III, 212, 286 ; V, 148 ; - René, III, 212 ; — de Boismarmin, IV, 328 et s.; V, 148 ; IX, 188, 245 ; — Christian, III, 212, 264 ; V, 214 ; — Edmond, III, 264 ; V, 214 ; — Georges, III, 212, 264.

Thorantier, VIII, 264.

Thoreau, III, 216.

Thoret (Laurian), VIII, 139.

Thorin (Claude), VIII, 175, 176, 178 ; — Guillaume, VIII, 132 ; — Marie-Thérèse, VIII, 175.

Thou, I, 166 ; II, 78 ; III, 193 ; IV, 264 ; IX, 203, 231, 235, 275.

Thoury (Émilie-Alexandrine-Marie de), V, 245 ; — Joseph-Louis, V, 245.

Thuanne (Jacques), II, 158.

Thuault de Beauchesne (Théau-Jean), VIII, 172.

Thuet, VIII, 302.

Thuillier, II, 197 ; IV, 242. (V. Tullier.)

Tibord de Salignac et du Moulin-Porcher, IX, 260, 266.

Tiel (Jeanne de), VIII, 156.

Tierceville, III, 187.

Tillier, II, 29, 30.

Tinconium, IV, 131.

Tirancourt, I, 25.

Tissard de Rouvre, IV, 330.

Tissu du moyen-âge, IX, XV.

Tissu gaulois, X, 281.

Tivier (François), VIII, 149.

Tixier, II, 122, 148, 177, 193 ; IX, 201, 233 ; — Michel, VII, 153.

Tixier de Ligny. VIII, 300.

Tixier du Cluzeau, IX, 213, 233, 254, 282.

Toiles, VI, 174 à 187.

Toirac, III, III, 15 et s.

Toled (de), III, 208.

Tolleron, IV, 264.

Tollet (de), IX, 278.

Tolon (Pierre de), II, 286.

Tondu (Claude), V, 201, 203 ; — Philippe, VII, 192, 206.

Torchon, III, 82 ; VIII, 352.

Torcy, V, 168.

Torcy (Catherine-Pauline de), VII, 151.

Toret (Jacques), II, 195.

Torné (l'évêque), II, 101. 102, 198.

Torsay de la Motte-Saincte-Éraye (Jean de), II, 278.

Toubeau, I, 135, 247, 254 ; III, 78 ; IX, XIII, 188. 269 : — Jean, 268, 269, 275 à 277 : — de Maisonneuve (Ernest. III. V : V, III, XXI. 97. 106 ; IV, IV, 211 ; VI, III, 129 à 281 ; VIII, VII, XLII, 228 ; IX, XIV.

Touchard-Lafosse, VIII, 353.

Touchay, I. 54 : II, 58.

Touche (de la), IX. 247, 260.

Toulongeon (de), V. 233.

Toulouse. IX, 141 ; X, 113.

Tour (de la), VII, 115 : — Ysabeau, VII, 97, 99. 100, 102.

Tourate (la, I. III. 15. 59 à 81, 331 : II. XVII : IV. 100 : VI, 9, 11. 15, 19 ; VII. 117 ; X, 123.

Tourbe (la. II, 277.

Tour-d'Auvergne Lauraguais de la, archevêque. I. 162, 186 : II. IV : IV, 172 : VIII, LXXXVIII, 359 : IX. XX : X. 271. 272.

Tour de Béthune, VI, 110.

Tour de Vèvre. VI. III. 124.

Tour-Gazeau (la), X. 105.

Tour-Gazeau (de la). IX. 194, 208, 224, 232.

Tournay. IX, 246.

Tournon (cardinal de, IV. 247.

Tournyol de Boislamy (de), IV, 280. 316.

Tours, I, 110, 130 ; VI, 147 ; IX. 114. 130, 138, 145 : X, XII.

Tourteau-d'Orvilliers, II, 224 ; — de Septeuil, II, 224.

Tourtier de Lut, IX, 262.

Trainiac. IX, 138.

Traité de Brétigny. X, 244.

Tranchée (la, VIII, 140, 188.

Traslay, IV, VIII.

Trassy, IX, 253.

Treignel (de). II, 275.

Tremblais (de la), I. XII, XIV.

Tremblay de Saint-Yon (Charles-Jean du). VIII, 178.

Tremblaye (la), III, 178, 180 : V, 179 : IX, 273.

Tremblevif, VI, 82, 83.

Trémeau (Marie), VIII. 270.

Trémouille (Guy VI de la), VII, 90. 91. 94.

Trésoriers de France, IX, 193, 198, 217, 218, 228, 234, 237 à 239, 241. 242, 244, 249 à 253. 257, 260, 261. 263, 264, 267, 271, 277. 279, 280, 282 à 284. 289, 290.

Tressy, VIII, 178.

Trésor donné par Jean, duc de Berry. à la Sainte-Chapelle de Bourges (description du, par Hiver de Beauvoir. II. IX.

Treugue ou Trève de Dieu, VIII, 90.

Trévoux (mémoires de . III, V.

Triboudet, II, 196 : VI, 302 : —

Pauline, V, 132; — de Maim-
bray, IV, 349; VIII, 305, 312; —
Marsy, II, 196.

Trignac (de), II, 284.

Trimond (Antoinette de), V, 132.

Trimouille (la), II, 277.

Tripaude (la), I, 22, 23, 24.

Tripelerie, III, 239.

Tristan, III, 75, 78.

Troisbrioux, VIII, 305.

Tronçay (le), VIII, 267 et s.

Tronçon, IV, 252, 316.

Tronsset (du), VI, 260.

Trotereau (Jehan), VIII, 163, 171,
173.

Trottier, II, 119.

Trou (Jean-Baptiste), II, 142.

Trou-Ragot (le), III, 2.

Trousseau (Artault), VII, 285, 287;
— Jacquelin, X, 306; — Pierre,
I, 109.

Troussepoil, II, 41.

Trouy, I, 270; IV, 127; VI, VIII;
VIII, 268.

Troyes, VIII, 79.

Trumeau, II, 147.

Tubœuf, I, 138; VIII, 243, 245,
247, 251.

Tuileries (les), II, 81.

Tuille (de la), IX, 191.

Tulle, IX, 240.

Tulle de Villefranche Ferdinande
de, V, 226.

Tullier, III, 75, 78, 80, 82, 286;
VIII, 170, 213; IX, XIII, 207,
209, 214, 239, 241, 270, 271;
— Aimée, IV, 264; — Anne,

IV, 257, 259, 266, 290; —
Catherine, IV, 254, 270; —
Charles, IV, 266, 285; — Char-
lotte, IV, 269; — Claude, IV,
244, 257, 265, 266, 268, 292;
IX, 261, 272; — David, IV,
246, 252; — Denis, IV, 242 à
244, 286; — Edmée, IV, 266;
— Etienne, IV, 259, 272, 294;
— François, IV, 253, 254,
258, 265, 269, 272; — François,
III, 230, 235; IV, 255, 256, 257,
264, 264, 269, 281, 287, 292,
298; — Geneviève, IV, 284; —
Guillaume, IV, 259; — Henri,
IV, 293, 295; — Henry-Pierre,
IV, 243, 281, 285; — Jacques,
IV, 259; — Jean, IV, 246, 249,
257, 258, 259, 265, 272, 287,
288, 289, 290, 293; — Jeanne,
IV, 260, 281, 286; — Louis, IV,
259, 268, 270; IX, 270; — Mag-
deleine, IV, 259, 265, 269; —
Marguerite, IV, 256, 257, 270,
293; — Marie, III, 235; IV, 244,
256, 259, 260, 265, 272, 273,
275, 276, 281, 292, 294, 295;
— Marie-Magdeleine, V, 115; —
Maurice, IV, 272; — Nicolas-
Jean, IV, 294, 297; — Montaine,
IV, 277; — Philippe, IV, 259;
— Pierre, IV, 244 à 246,
248, 249, 255, 256, 258, 259
à 267, 271, 276, 281, 287, 289,
292; — de Bouy, IX, 268, 271,
274; — de Marigny, Pierre, IX,
195, 270, 281; — de Mazières,

IX, 225, 270 ; — Généalogie de la famille, IV, 241.

Tullum (Toulx Sainte-Croix), VII, 27, 31.

Tumuli (les) et forteresses en terre dans le département du Cher, par A. de Kersers, II, 49.

Tumulus. (V. Tertres.)

Tumulus de la Perisse (fouilles exécutées par A. de Lachaussée), IV, 41 à 52.

Turbilly (de), VIII, 343, 346.

Tureau ou Thureau (le), II, 56 ; VI, 56 à 58, 63, 66, 69, 70, 72, 75, 80 à 84, 86, 87 ; — du Grand-Chêne, II, 64.

Tureaux (les), IX, 205, 271, 273.

Turgot (Appoline), V, 268.

Turly, I, 329 ; V, 325, 326.

Turmeau de Montault (Isaac), VIII, 174.

Turpin, III, 83, 287 ; — Anne, V, 131 ; — Charles, III, 226 ; — Jeanne, IX, 267, 289 ; — Marie-Catherine, III, 226 ; — Samuel, III, 226 ; — de Sauldre et de l'Épinière, IV, 294, 316.

Turquet, VI, 194 ; — de Mayerne, I, 202.

Tymsah (lac), III, 290.

U

Ubicini, II, 3, 9 ; IX, 312.

Ugo, archidiacre de Mehun, IX, 164.

Unigenitus (bulle), IX, XIII, 305.

Université de Bourges, I, x, 163, 166, 167, 219, 221, 228, 232, 238, 289, 292 à 294 ; IV, 217, 221, 222, 266, 269 ; V, 137, 155, 172, 175, 183, 194 ; VI, 165, 203, 204, 208 ; VIII, LXIII, 241, 268 ; IX, XII, 204, 213, 218, 222, 223, 227, 228, 235, 239, 244, 247 à 250, 253, 260, 262, 274, 278.

Urbain II (pape), IX, 129, 136.

Urciers, VII, 211 ; X, 294.

Uriel, VII, 74.

Ursulines de Bourges (les), I, 208 ; III, 218, 223, 236, 238, 240, 257, 263 ; IX, 227, 236, 241, 260, 278.

Userche, IX, 138.

V

Vacher, VIII, 141.

Vacherie (la), III, 192.

Vagabonds, X, 156.

Vaillant, II, 85, 92 ; — Christoffe, VIII, 166, 188 ; — de Guélis, IX, 257, 272 ; — Jeanne, III, 228, 287·

Vaillant du Chastelet (Amédée-Gabriel Le), V, 217.

Vailly, II, 69; VI, 110, 112, 115.

Vailly (de), II, 286.

Valedo, IV, 166.

Valençay, III, 215; VIII, 133, 161, 189.

Valières, III, 200; VIII, 296.

Vallançay (de), VIII, 188; — Franquelin de. VIII, 162.

Vallanciennes (Charles de), VIII, 177; — François. X, 132, 232, 234.

Vallée, V, 161.

Vallée (la), II, 335.

Vallées (les), IX, 261, 274, 287.

Vallois (Georges), V, 329; VI, I, II, 1 à 89, 335, 340; VIII. VII, XLII à XLV, LXXVI, 107; IX, VI, VII, XIII, 243, 270; X, I à XIV, 1, 2, 7, 10, 22, 23, 36, 40, 42, 54 à 64, 88, 292, 293, 306; — Pierre, VIII, 170, 171, 178; — de l'Aubrette, Claude-Pierre, VIII, 175; — de Boirenault, Claude, VIII, 172; — du Vivier (Claude-Philippe), VIII, 165.

Vallet, I, 146.

Vallet de Viriville, II, 3, 6, 9, 20.

Vallombreuse, IX, 135.

Vallon-en-Sully, VI, XI, XII; VII, 17, 21.

Valnay, II, 122.

Valois (duc de), VIII, 126.

Vandales, VII, 31, 32.

Vannes, IX, 208.

Vanesse (Marie-Marguerite de) V, 125.

Vannier, V, 133.

Varennes, V, 201; IX, 234.

Varennes-sur-Tèches, III, 267.

Varenne (de), VI, 311.

Varenne (Andrée de la), V, 171; — Catherine, V, 186; — Élisabeth, VII, 300; — Jean, V, 171, 188; — Marie-Grâce-Sarah, V, 208; — René-Étienne-Guillaume, IV, 274, 316.

Varie, V, 164.

Varoux (les), IX, 266.

Vassal (de), V, 237.

Vasselay, II, 80; III, 220; IV, 241; V, 164, 171, 183, 186, 196, 198; VI, 33, 38, 53, 56, 62.

Vasseur (Charles), II, 290.

Vatan. III, 123, 126; VIII, 111, 112, 159, 190; IX, 139, 168, 169, 285.

Vaucheron, IV, 253.

Vaudouan, VII, 133, 178.

Vaugelé, IX, 275.

Vaugibault, III, 178.

Vaulogé (de), IX, 289.

Vaully (Jehan), VIII, 185.

Vaulx (Toussaint de), VII, 207.

Vauquelin de la Fresnaye, I, X.

Vauteaux. VIII, 176, 177.

Vauvert. V, 185; VIII, 235; IX, 283.

Vauvise (la), II, 22.

Vaux (de), IV, 264, 316.

Vavres (de), IX, 208, 224, 232.

Vazeaux (les), III. 250 ; IX. 262.
Veauces, IV, 241, 260, 266.
Veaulgues, IV, 296.
Veausse. IX, 288.
Veilhault, II, 119 ; VI, 246.
Veillat (Just), I, xii.
Veille (La), VIII, 114.
Véllard (de), II, 194 ; VIII, 149, 150.
Vellaunodunum, VI, 27.
Velles, X, 92.
Velluet (Gabrielle), VIII. 283.
Venator, I, 216.
Vendeuil, IX. 85.
Vendôme, IX, 308.
Vendôme (Charles de), VII, 116 ; — Jean, I, 270 ; — Jeanne, VII, 87.
Venise, III, 68, 100, 183, 187.
Venise (Jean de), V, 99.
Venix, IV, 113.
Ventadour (Ebbes de), VII, 87 ; — Hélie, VII, 78, 87.
Vénus, X, 117 et s.
Verani de Varennes, I, 202.
Verchère de Reffye, III, 10 et s.
Vercingétorix, I, 17, 18, 22. 32, 36 ; III, 38 ; VI, 19, 23, 25, 27, 86, 88 ; VII, 11.
Verdigny, X, 254.
Verger Gautier du , VII, 48.
Vergier Jehan , VIII, 162.
Vergne, V, 248.
Veri (de), I, 196, 202.
Vermeil, IV, 150.
Vermeilles Hutin de , VII, 88.
Vernais le), VI, 327.

Vernay (le , VII, 117.
Verne (du), IV, 342 ; VIII, 293.
Verneau (le), X, 98.
Verneoys. VII, 74.
Verneuil, II, 103.
Vernillet, III, 210, 226.
Vernuce ou Vernusse (la), III. 128. 204, 236, 237, 238, 241, 243, 244 ; V, 155 ; IX, 220, 272.
Verre (objets en), V. 74 ; X, 36 à 40, 56, 66.
Verrerie (la), V, 29, 35.
Verrière, II, 157.
Versailles, VI, 276.
Verthamond (Renée - Françoise de), VIII. 137.
Vertot (de), VIII. 303.
Vertuz (de), II. 278.
Vestiges romains à Alléan, par A. Buhot de Kersers. VII, vi.
Vésuve, I, xv, 295 à 312.
Vesvre (la , I, 218 ; V, 122.
Vétois, II, 194.
Vétus (Anne), V, 174.
Veuillin (le), IV, 342.
Veuilly, IX. 9, 10.
Vicairie de Château-Gordon, X, 256, 262.
Vicomte de Bourges, X, 245, 246.
Vic-sur-Aubois, VIII. 33.
Vicher forêt , VII. 208.
Vichy, I. 173.
Vieille-Forêt, III. 241.
Vieillot Aimée-Clotilde-Denis), V, 229.
Vienne, VI, 25.

Vienne (la), fief, III, 241, 243, 245, 246, 247; V. 145; VIII. 335; IX, 229, 237, 271, 272.

Vienne (la), rivière, IX, 145.

Vierzac, IX, 289.

Vierzon, I, iv, 1 à 12. 56, 269; II, ix, 74, 85. 91. 120; III, 97, 299, 300, 301; V, 171; VI, 38, 66, 83, 112, 120, 182, 195; VII, 98, 166; VIII, 114, 124, 126, 141, 143, 154. 190; IX, iii, 132, 137, 208. 209. 220, 278; X, 252, 286, 302.

Vigier (Pierre), VIII, 158; — Toussaint, V, 121.

Vignolles (Balthazar de), VII, 201; — François, VII. 201; — Nicolas, V, 174; VII, 201.

Vignery. IX, 194, 209, 221. 230.

Vilaine. IX, 139.

Village (de), III, 69, 78, 80, 81; VIII, 302; — Jacques, VIII, 303; — Jean. VIII. 302, 303; — des Margots. IX, 270, 277.

Villaines, III, 268; VII, 76.

Villarceau, IX, 273.

Villarceaux (de), VIII, 214.

Villardeau, IV, 271; IX, 196, 282.

Villardy, VI, 83.

Villars (de), IV, 231 à 234; — Gabriel, VI, 213, 214, 216 à 221, 264; — de Passy, Marguerite, V. 139.

Villas romaines, I, 18, 59, 83; II, iii, 21 et s., 43 et s.; III, 25, 304; IV, 83, 177; V, iii.

66, 81; VI, iv; VII, 13, 22, 235.

Villa romaine à Mazières, par G. Vallois, VII, 235 à 241; X, x.

Villa romaine à Villeneuve-Saint-Georges, par A. des Méloizes, I, 83.

Villa romaine découverte au Blanc, par l'abbé Voisin, III, 25.

Villa romaine découverte à Levet par Amédée Rapin, IV, 83 à 101.

Villa romaine découverte à Thizay, par A. des Méloizes, V, 66.

Villatte, IV, 179; VI, 43, 79, 80; IX, 217, 243, 263, 280; X, 116.

Ville, IV, 290.

Ville (de la), IX, 199.

Villebannois, VII. 133, 134, 135, 136.

Villebœuf, IX, 204.

Villecelin, II, 72, 73, 229.

Villechaune (de), VI, 256.

Villecomte, V, 119; IX, 229, 268, 277.

Villedonnay, IX, 194.

Villefavant, V, 66.

Villefranche-sur-Cher, VIII, 111, 113, 191.

Villegenon, IV, vii; X, viii.

Villegille (de la), I, 20; X, xiii.

Villegontard, VI, 83.

Villèle (de), archevêque de Bourges, III, 254, 255.

Villeherviers, VIII, 113.

Villemant, V, 66.

Villemenard, I, 135; V, 131, 150, 193.

Villemenard (de), IV, 269.

Villemne, IX, 312.

Villemoy, VII, 211.

Villeneufve (Léonard de), VI, 246. (V. Soumard.)

Villeneuve, V, 205, 207; VI, 56.

Villeneuve-Bargemont (de), V, 131.

Villeneuve-Saint-Georges, I, III, 83 à 85.

Villeneuve-sur-Cher, I, 16, 52 à 54; III, 227; IV, 274; V, 15, 27, 34, 206.

Villeneuve - sur - Rampenay, V, 117.

Villeneuve - sous - Barillon, VIII, 159, 190.

Villeneuve-Tourette (Cécile de), V, 131; — Hélion, V, 131; — Honoré-Joseph-Hélion, V, 131; — Joseph-Scipion, V, 131.

Villequiers, I, 56; II, 74; V, 119; IX, II.

Villequoy (de), IX, 246, 269.

Villeroy (de), I, 141, 146, 147.

Villers, II, 309.

Villers (de), IX, 211.

Villesaison, V, 66.

Villesaujon, V, 66.

Villesavay, I, 332.

Villette (la), V, 66, 200.

Villeville, II, 64.

Villezon, VII, 94.

Villiers, V, 156; VI, 82.

Villordeau, V, 66.

Villot, IX, 272.

Vin, VI, 189 à 199, 211 à 261.

Vincent, VI, 324.

Vineuil, X, 92.

Viniola, IV, 159.

Vinnebault (René), VIII, 180.

Viollet-le-Duc, III, 94, 95, 109, 119, 136, 150.

Vippleis, IX, 133, 167, 168.

Virdomarus, IV, 187.

Visitation de Bourges (la), I, 208; III, 205, 209, 210, 240; IV, 274, 277, 292; IX, xx, 257.

Vital, IX, 148, 149.

Vitraux, V, 53, 109; IV, IV, 193 à 210, 245, 246 à 249, 252, 253, 264; IX, xv.

Vivier, II, 192, 194; — Billeron, II, 194; — Jean, VIII, 151.

Vivier de la Chaussée. (V. Chaussée, de la.)

Vivier (le), VIII, 165.

Vizy, V, 120, 149, 155, 162; IX, 263.

Vogüé (de), III, xi, 110, 114; IX, 79.

Voie Blanche, X, 255.

Voies romaines, I, 26, 29, 31, 37, 45, 49, 329; II, 43, 54; III, III, 38 et s.; IV, 31, 43, 124, 125, 131; V, XIII, 66, 326; VI, I, II, VIII, x à XIII, 29 et s , 40, 56, 283, 289; VII, 14, 15, 21, 23, 236; IX, VIII, 21; X, 106, 114, 127, 290.

Voiselle (la), VI, 47.

Voisin (l'abbé), III, IV; IV, 340,

345, 346 ; V, 353 ; VI, 342 ; VIII, vii ; IX, 320.
Volaterran, VII, 6.
Volcy-Boitard, IX, 323.
Vologère (de), IX, 272.
Voluire de Ruffec (Jehanne), VIII, 216.
Vorlay, IX, 201.
Vornay, X, iii, 273.
Voudenay (Catherine de), VIII, 127 ; — Claude, VIII, 127, 128.
Vouet, IX, 139, 168, 169.
Voulet, X, 30.
Voulsy (Jacques), V, 113.
Vouvant, VII, 141.

Vouzay, IV, 350.
Vouzeron, IV, 287 ; VI, 66, 67, 69 ; IX, 215.
Vouzon, VI, 45.
Vouzy (Élisabeth de), VIII, 155 ; — Jean-Baptiste, VIII, 133, 187.
Voyer-d'Argenson (de), IX, 307, 315.
Vrillière (de la), VI, 199.
Vulcob (Antoine), III, 268 ; — de Malendras et Couldron, IV, 253, 317.
Vulgrin (archevêque de Bourges), III, 131.

W

Wafferdin, II, 314.
Walstein (de), IX, 251.
Waresquiel (Marie-Louise-Charlotte de), V, 241 ; — Paul-Maurice, V, 241.

Willale, X, 253.
Wolfang, VII, 119.
Wormond (archevêque de Vienne), VII, 45, 46.
Worms, III, 100, 123.

Y

Yel de la Cour, II, 150.
Yèvre, I, 3, 7 à 12, 22, 29, 36, 39, 41, 49 ; VI, 21, 47, 70.

Yévrette, I, 114 ; III, 48, 51 ; VI, 115.
Yvoy-le-Pré, V, 170.

Z

Zévort (Benjamin), VIII, 355.

LISTE

DES PLANCHES ET DESSINS

PUBLIÉS DANS LES DIX PREMIERS VOLUMES

Tome Ier (1868).

1 Objets romains découverts à Bourges............... IV

2 Poteries et enduits découverts à Bourges. (Époque romaine VI

3 Carte générale des enceintes en terre, dans le département du Cher. 16

4 Oppidum de la Touratte (Sainte-Radegonde)........... 17

5 Camp de Maubranches ou de Chou 20

6 Camps de la Groutte (Drevant) et d'Alléan (Baugy) 24

7 Camp de Sidiailles................................... 27

8 Camps de Bagneux (Saint-Saturnin), de Boiroux (Ineuil) et du Dureau (Farges).................... 38

9 Camp de César devant Avaricum et Vallum du Château. 42

10 Château des Dureaux (Preuilly), Agger de Ménétréol-sur-Sauldre et Dureau de Villeneuve-sur-Cher. 48

11 Plan des ruines de la Touratte 64

12 Plan des aqueducs de la Touratte..................... 68

13 Céramique romaine de la Touratte.................... 70

14 Enduits colorés de la Touratte....................... 72

15 Sculptures romaines de la Touratte................... 74

16 Statuette romaine de la Touratte..................... 76

17 Plan de la villa romaine de Villeneuve-Saint-Georges... 84

Tome II (1869).

18 Statuette de Jupiter assis (environs de Châteaumeillant). III

19 Stèle romaine trouvée à Bourges (église de Saint-Hippolyte) (ADVENTUS V

20 Sculptures romaines et inscriptions découvertes à Bourges (rue Carolus).......................... vi

21 Bas-relief de la chambre du trésor au palais de Jacques Cœur............................. 16

22 Scène du roman de Tristan......................... 17

23 Objets provenant des fouilles des Grandes-Barres...... 24

24 Amphores romaines de Primelles.................. 33

25 Poteries et bijoux de Primelles. 34

26 Villa romaine de Levet. 44

27 Objets découverts dans plusieurs tumulus et plan de la butte d'Archelet........................... 52

28 Plans de plusieurs mottes et donjons. (1, Villeville; 2, La Guerne; 3, Rians; 4, Biou; 5, Genouilly; 6, Epineuil). 67

29 Plans de mottes et donjons. (1, Bouchetin; 2, Nuisement; 3, Grande-Cour; 4, Grand-Chapelet; 5, Crignon; 6, Jublains) 78

30 Plan du canton de la Normande, (commune de Thizay). 210

31 Plans des châteaux de la Normande.................. 211

32 Médaillons de J.-B. Nini......................... 314

33   —   —   316

34   —   —   318

35   —   —   320

36   —   —   322

37   —   —   324

38 Monnaies gauloises... 328

39 Monnaies gauloises, mérovingiennes et jetons.......... 332

Tome III (1870).

40 Stèles (lvcna) et sarcophages du prieuré de Saint-Martin, à Bourges........................... iv

41 Sarcophages du prieuré Saint-Martin, à Bourges....... vi

42 Bracelets gaulois découverts à Bourges viii

43 Plan d'une grotte à Saint-Ambroix-sur-Arnon......... 3

44 Caverne des Grands-Champs, aux Peluées-Saint-Ambroix.............................. 5

45 Epées gauloises des Fertisses...... 8

46 Armes découvertes aux Fertisses................... 12

47 Bracelets découverts aux Fertisses................... 18
48 Sculptures de la villa romaine du Blanc.............. 26
49 Objets découverts à Levet......................... • 34
50 Plans des tours de l'enceinte de Bourges (moyen-âge).. 51
51 Plans de diverses églises du Berry. (1, 2, Oratoire d'Is-
      soudun ; 3, Avor ; 4, 6, Saint-Outrille-lès-Graçay ; 5, Blet.) 100
52 Plans de diverses églises du Berry (1, Saint-Genou ;
      2, Nérondes ; 3, Lignières ; 4, Saint-Hilaire de Gondil-
      ly ; 5, Charenton ; 6, Châteaumeillant)............... 106
53 Coupes de diverses églises du Berry (1, 2, Saint-Outrille-
      lès-Graçay ; 3, 4, Blet, 5, Nérondes ; 6, 7, Saint-Genou). 109
54 Plans de diverses églises du Berry (1, Mehun-sur-Yèvre ;
      2, Dun-le-Roi ; 3, Fontgombault)..................... 110
55 Chœur de l'église de Fontgombault................... 113
56 Plans, profils et coupes de diverses églises (1, 2, Plaim-
      pied ; 3, 4, 5, les Aix d'Augillon ; 6, Chézal-Benoît).... 115
57 Détails des églises de Déols et de Genouilly........... 123
58 Plans et profils de diverses églises (1, 2, Genouilly ;
      3, 4, Savigny-en-Septaine ; 5, Noirlac)............... 127
59 Plan de l'église Saint-Pierre-le-Guillard, à Bourges..... 138
60 Plan de l'église de Levroux......... 140
61 Coupe partielle de l'église de Levroux............... 142
62 Plan de l'église d'Aubigny......................... 144
63 Plan de l'église de Saint-Satur..................... 147
64 Armoiries de la famille Gassot..................... 171
65 Monnaies gauloises et jetons....................... 302

Tome IV (1873).

66 Caveau funéraire de la place Séraucourt............. x
67 Tumulus de la Périsse, près Dun-le-Roi.............. 44
68 Objets découverts dans une sépulture à Dun-le-Roi..... 64
69 Epées de la sépulture de Dun-le-Roi................ 76
70 Villa romaine de Levet........................... 89
71 Objets découverts dans la villa de Levet............. 96
72 Inscription votive (DRVSILLE)..................... 107
73   —   romaine de Drevant (CATIVS)............ 114

74 Inscription votive de Bruères (PERCENIVS).............. 117
75   —   romaine de Drevant...................... 120
76   —   de la colonne milliaire d'Allichamps........ 123
77   —   de la colonne milliaire de Trouy........... 128
78   —   romaine de l'esplanade Saint-Michel, à
                 Bourges (AETIO).....   132
79   —   romaine de la tour Saint-Michel à Bourges
         (CAVIA QUIETA) 134
80 Stèles romaines (LITTIOSA ; LVCAN ; FAVST ; MASPII)......... 146
81   —   chrétienne (LVNIDIA)....... 163
82   —   —   (BADARDVS)......................... 164
83   —   —   (MEROFLIDIS) 165
84 Couvercle de sarcophage chrétien (ROGOCINVS)......... 168
85 Couvercles de sarcophages chrétiens (SPERENDEVS)·...... 170
86 Vases épigraphiques (CHRONOPOLIS)................... 174
87 Ancien vitrail de la cathédrale de Bourges........... 192
88   —   193
89 Armoiries de la famille Tullier....... 241
90 Vitrail de la chapelle Tullier à la cathédrale de Bourges. 249
91 Monnaies gauloises et méreaux...................... 336

Tome V (1875).

92 Souterrain de Saint-Saturnin, hipposandale et fer de
   cheval.................... VIII
93 Sépulture gauloise du Séminaire Saint-Célestin........ 1
94 Bracelets provenant de cette sépulture............... 2
95 Sépulture romaine de Fontillet : vases............... 62
96   —   —   —   armes 63
97   —   —   —   objets divers......... 64
98   —   —   —   —   65
99 Villa romaine de Thizay ; architecture................ 66
100   —   —   céramique 72
101   —   —   objets divers.............. 74
102   —   —   objets en fer.............. 76
103 Épigraphie romaine et chrétienne (MERCVRIO; IVNIMI; LERA) 84
104 Dalle tumulaire (HERMENSEN).................... ....

105 Épigraphie chrétienne (CAVS ; AFORTI).............. 92
106 Armoiries de la famille de Bengy................... 107
107 Monnaie gauloise............................... 324
108 Obole de Philippe II, frappée à Bourges..... 326
109 Objets découverts avec le trésor de Méreau........... 332
110 Monnaies seigneuriales et étrangères du trésor de
     Méreau.......... 342
111 Denier inédit d'Hervé II de Vierzon.................. 351

Tome VI (1877).

112 Objets mérovingiens en bronze découverts à Bourges.. XIV
113   —   —   —   —   . XVI
114 Le camp de Haute-Brune, dans la forêt d'Allogny...... 1
115 Camp de Haute-Brune ; coupe du rempart............ 17
116 Voie romaine de Bourges à Orléans (carte)........... 32
117 Le Pont-Vieux, sur le Moulon..................... 48
118 Plans de forteresses féodales..................... 60
119 Stèles romaines (PRIMI ; AVETA).................. 91
120   —   (MARCELLUS)..................... 92
121   —   (TETRICI ; SILVANO)................ 97
122 Souterrains-refuges de Saint-Aoustrille............. 100
123 Plans de diverses forteresses en pierre (1, 2, La Cha-
     pelle d'Angillon ; 3. Chârost ; 4, Vèvre ; 5, 6, Grossouvre) 109
124 Plans de diverses forteresses en pierre (7, 8, Jouy ;
     9, Bannegon ; 10, le Creuset).................... 114
125 Monnaie gauloise............................... 330
126 Monnaie de Charles le-Simple frappée à Bourges....... 332
127 Monnaie de Louis IV frappée à Bourges............. 333
128 Jeton de la Chambre des comptes de Bourges........ 341
129 Denier de Guillaume de Courtenay, seigneur de Charen-
     ton... 342

Tome VII (1878).

130 Stèle romaine et débris de sculptures d'Alléan........ VIII
131 Voies romaines aux environs de Châteaumeillant...... 24

132 Monuments de Châteaumeillant.......................... 54
133 Signatures et armoiries des seigneurs de Châteaumeillant 138
134 Villa romaine de Mazières.......................... 236
135 Boucle mérovingienne découverte à Issoudun........ 243
136 Vitraux de l'église de Saint-Georges-de-Poysieux...... 273
137 Plan des forges de Mareuil.......................... 285
138 Sceaux divers........ 320

Tome VIII (1879).

139 Objets divers et stèle (SEVERILLA)..................... LXXVI
140 Sarcophage chrétien en marbre blanc................ LXXXII
141 Inscriptions (CYPARE ; SAC), fibule et bague............ LXXXIV
142 Épées de bronze trouvées en Berry.................. 2
143 Mors de bride gaulois 6
144 Statuette de Jupiter (bronze)...................... 12
145 Statuettes antiques (bronze)...................... 14
146 Plan des constructions romaines de Champillet........ 26
147 Sépulture romaine du Gessé 28
148 Plan du château des Cours.......................... 34
149 Bœuf en bronze trouvé à Saint-Satur............ 39
150 Objets découverts à Bourges sur l'emplacement du
    Cercle.. 74
151 Bijoux de même provenance........................ 78
152 Plan de Mennetou-sur-Cher 115
153 Château de Mennetou-sur-Cher.................... 116
154 Porte de Vierzon à Mennetou-sur-Cher.............. 118
155 Fortifications de Mennetou-sur-Cher................ 120
156 Détails divers du château de Mennetou-sur-Cher....... 122
157 Armoiries de la famille Hodeau.................... 210
158 Armoiries écartelées de Hodeau, Pelorde............ 210
159 Armoiries écartelées de Hodeau, Pélorde, Bourdaloue.. 210
160 Armoiries écartelées de Hodeau, Pélorde............ 211
161 Armoiries de la famille Hodeau 267
162 Sceaux et monnaie de Louis IV frappée à Bourges..... 364

Tome IX (1881).

163 Hache gauloise, sarcophage chrétien et étrier......... III

164 Œnochoé de Prunet 4
165 Sépultures et autel romain du Gessé.............. 12
166 Vases romains du Gessé........................ 16
167   —   —   17
168 Sculptures romaines (Bourges)................... 75
169 Sculptures romaines (Bourges) 76
170 Tapisserie du xvᵉ siècle représentant les aventures
        d'André de Chauvigny.......................... 96
171 Entrevue d'Anne de Bretagne et de Charles VIII (tapis-
        serie du xvᵉ siècle) 120
172 Collier à grelot du xvᵉ siècle...................... 176
173 Plan de Bourges avec la demeure des parlementaires.. 304
174 Sceaux divers................................... 321

Tome X (1882).

175 Plan d'un tumulus de Morthomiers 3
176 Plan du tumulus nº 2, à Morthomiers.............. 13
177 Plan des chambres souterraines du tumulus nᵉ 2....... 18
178 Coupe de ces chambres souterraines 20
179 Objets antiques découverts au boulevard de l'Arsenal.. 36
180 Objets en verre   —   —   .. 37
181   —   —   —   .. 38
182 Objets en fer   —   —   .. 41
183   —   —   .. 42
184 Poteries   —   —   .. 45
185   —   —   —   .. 46
186   —   —   —   .. 47
187   —   —   —   .. 48
188   —   —   —   .. 48
189   —   —   —   .. 49
190   —   —   —   .. 50
191 Objets d'ivoire et de bronze   —   .. 52
192 Poteries   —   —   .. 55
193   —   —   —   .. 56
194 Objets divers   —   —   .. 60
195 Poteries   —   —   .. 64

196 Stèles romaines découvertes au boulevard de l'Arsenal.. 70
197   —   (Griffon ; MARINIA)   —   .. 72
198   —   (SCORPIANI ; SABINA)   —   .. 73
199 Cippe funéraire de la rue des Rats.................. 81
200 Stèle (TARQUINIVS) et inscription votive (CALIGVLA)....... 83
201 Inscription votive (DRVSILLA).... 87
202 Mardelles du Bois de Bord d'Acre.................. 96
203 Sépultures du Sablon........................... 100
204 Camp des Fossés-Sarrasins...................... 108
205 Bas-reliefs gallo-romains de Lacs................. 118
206 Fac-simile du titre de l'ordonnance d'Issoudun en 1378. 151
207 Épée gauloise en fer de Vornay.................. 278
208 Numismatique et sigillographie.................. 286

LISTE DES TRAVAUX

CONTENUS DANS LES DIX PREMIERS VOLUMES

Ier Volume (1867).

Rapport sur les travaux de la Société par E. DE ROBILLARD DE BEAURE-
PAIRE, secrétaire.

Rapport sur la signification du mot *Avaricum*, par DU LIÉGE.

Enceintes en terre dans le département du Cher, par A. BUHOT DE
KERSERS.

Fouilles de la Touratte, par E. DE ROBILLARD DE BEAUREPAIRE.

Ruines d'une villa romaine à Villeneuve-Saint-Georges (Cher), par
A. DES MÉLOIZES.

Les hommes d'Etat du Berry (Guillaume de Boisratier), par le
président HIVER.

Mission de la ville de Bourges remplie par La Thaumassière en 1667,
par E. DE ROBILLARD DE BEAUREPAIRE.

L'Église de l'Oratoire de Bourges, par HIVER DE BEAUVOIR.

Le faux saunage, par L. ROUBET.

Notes de Pierre Huet, sur les reliques de saint Fulgent, avec un
Noël sur les paroisses de Bourges, par PAULIN RIFFÉ.

La Thaumassière, sa vie, ses relations et ses œuvres, par E. DE
ROBILLARD DE BEAUREPAIRE.

Le Vésuve, par P. DE CHOULOT.

Les Pyramides, par CORBIN-MENGOUX.

Bulletin numismatique (n° 1), par A. BUHOT DE KERSERS.

IIe Volume (1868).

Rapport sur les travaux de la Société, par E. DE ROBILLARD DE BEAURE-
PAIRE, secrétaire, et BUHOT DE KERSERS, secrétaire adjoint.

Bas-relief de la chambre du trésor, à l'hôtel Jacques-Cœur, par
HIVER DE BEAUVOIR.

Fouilles au domaine des Grandes-Barres, par A. BUHOT DE KERSERS.

Le puits funéraire de Primelles, par E. DE ROBILLARD DE BEAUREPAIRE.

Villa romaine découverte à Levet, par AMÉDÉE RAPIN.

Tumuli et forteresses en terre du département du Cher, par A. BUHOT
DE KERSERS.

Me François Burgat, par PAULIN RIFFÉ.

La justice révolutionnaire à Bourges, par E. DE ROBILLARD DE BEAURE-
PAIRE.

Deux enceintes de terre du département de l'Indre château de la
Normande, par A. DES MÉLOIZES.

Une disposition du testament de Colbert, par P. DE CHOULOT.

Du régime féodal de la terre, par EDMOND RAPIN.

Les hommes d'État du Berry Martin Gonge de Charpeigne, par le
président HIVER.

Remarques ecclésiologiques sur les églises de Bourges, par RAYMOND
BORDEAUX.

Moules en terre cuite des médaillons de J.-B. Nini, par A. DES MÉLOIZES.

Bulletin numismatique (n° 2), par A. BUHOT DE KERSERS.

Règlement de la Société Extrait).

IIIe Volume (1869).

Rapport sur les travaux de la Société, par A. BUHOT DE KERSERS,
secrétaire.

Deux grottes de la commune de Saint Ambroix, par le Dr PINEAU.

Sépultures gauloises des Fertisses, par Ch. DE LAUGARDIÈRE.

Villa romaine découverte au Blanc Indre, par l'abbé VOISIN.

Diverses découvertes dans la commune de Levet, par A. RAPIN.

Notes sur les antiquités romaines du Berry, par FERRAND DE SALIGNY.

L'enceinte dite de Philippe-Auguste, à Bourges, par A. Buhot de Kersers.

Les registres de l'Etat civil à Bourges, par E. Rapin.

Essai sur l'architecture religieuse en Berry, par A. Buhot de Kersers.

Document inédit pour l'histoire de la céramique, par Ch. de Laugardière.

Généalogie de la famille Gassot, par P. Riffé.

Inauguration du canal maritime de Suez, par Corbin-Mengoux.

Bulletin numismatique (n° 3), par A. Buhot de Kersers.

IVᵉ Volume (1870-71-72).

Rapport sur les travaux de la Société, par A. Buhot de Kersers, secrétaire.

Catalogue du Musée lapidaire de Bourges.

Fouilles exécutées au tumulus de la Périsse, par A. de la Chaussée.

Exploration d'une sépulture à Dun-le-Roi, par A. de la Chaussée.

Villa romaine découverte à Levet, par A. Rapin.

Epigraphie romaine dans le département du Cher, par A. Buhot de Kersers.

Note sur un très-ancien vitrail de la cathédrale de Bourges, par A. des Méloizes.

Droit du treizième sur le vin vendu en détail à Bourges, par E. Toubeau de Maisonneuve.

Généalogie de la famille Tullier, par P. Riffé, suivie d'une rectification des généalogies antérieurement publiées.

Bulletin numismatique n° 4, par A. Buhot de Kersers.

Vᵉ Volume (1873-74).

Rapport sur les travaux de la Société, par A. Buhot de Kersers, secrétaire.

Sépulture gauloise du Séminaire Saint-Célestin, à Bourges, par A. de la Chaussée, avec deux lettres de l'abbé Cochet.

Note du Comité de rédaction.

Rapport sur le classement des monuments historiques du Cher.

par une commission composée de MM. DE CLÉRAMBAULT, A. DES
MÉLOIZES et A. BUHOT DE KERSERS.

Sépulture romaine de Fontillet, commune de Berry-Bouy, par
Ch. DE LAUGARDIÈRE.

Villa romaine découverte à Thizay (Indre), par A. DES MÉLOIZES.

Épigraphie romaine dans le département du Cher (supplément),
par A. BUHOT DE KERSERS.

Notes et procès à propos des murs de Saint-Hippolyte, à Bourges,
par E. TOUBEAU DE MAISONNEUVE.

Généalogie de la famille de Bengy, par P. RIFFÉ.

Bulletin numismatique (n° 5), par A. BUHOT DE KERSERS.

VIᵉ Volume (1875-76).

Rapport sur les travaux de la Société, par A. BUHOT DE KERSERS,
secrétaire.

Camp de Haute-Brune et voie romaine de Bourges à Orléans, par
G. VALLOIS.

Stèles découvertes à Bourges, par A. BUHOT DE KERSERS.

Souterrains-refuges de Saint-Aoustrille (Indre), par A. DES MÉLOIZES.

Architecture militaire et féodale, dans le département du Cher, par
A. BUHOT DE KERSERS.

Aides royales et impositions municipales à Bourges, par E. TOU-
BEAU DE MAISONNEUVE.

Découvertes de M. Pajonnet, prieur d'Allichamps, par CARTIER DE
SAINT-RENÉ.

Correspondance de M. Pajonnet avec divers savants; lettres recueil-
lies par le baron DE GIRARDOT.

Procès-verbal de la pose du milliaire d'Allichamps (12 brumaire an
VI). Extrait des archives du Cher, par le baron DE GIRARDOT.

Bulletin numismatique (n° 6), par A. BUHOT DE KERSERS.

Règlement de la Société.

VIIᵉ Volume (1877).

Rapport sur les travaux de la Société, par A. BUHOT DE KERSERS,
secrétaire.

Notice historique sur Châteaumeillant, par E. Chénon.

Villa romaine à Mazières, par G. Vallois.

Boucle mérovingienne découverte à Issoudun, par A. Buhot de Kersers.

Sculptures du portail de la cathédrale de Bourges, par le baron de Girardot.

Anciens vitraux de l'église de Saint-Georges de Poysieux, par A. des Méloizes.

Histoire des forges de Mareuil, par Cartier de Saint-René.

Bulletin numismatique (n° 7), par A. Buhot de Kersers.

VIIIᵉ Volume (1879).

Rapport fait à la Sorbonne sur les travaux des Sociétés savantes des départements, par M. Chabouillet.

Rapport au Comité des travaux historiques sur les Mémoires des Antiquaires du Centre, par MM. Marty-Laveaux et de Lasteyrie.

Comptes-rendus des lectures faite à la Sorbonne, par MM. Chabouillet et Hippeau.

Rapport sur les travaux de la Société, par A. Buhot de Kersers, secrétaire.

Trois épées de bronze et un mors de bride gaulois, par A. Buhot de Kersers.

Statuettes antiques trouvées à Gergovia, par A. de la Guère.

Notes archéologiques sur les environs de Châteaumeillant (1ʳᵉ série), par E. Chénon.

Bœuf en bronze trouvé à Saint-Satur, par A. de la Guère.

Découvertes gauloises, romaines et mérovingiennes à Bourges sur l'emplacement du Cercle, par A. Buhot de Kersers.

Extrait des miracles de saint Benoit, traduits par Th. de Brimont.

Mes archives, notes sur Mennetou-sur-Cher et diverses seigneuries voisines, par G. Vallois.

Mémoires de Robert Hodeau, avec généalogie de sa famille, par P. Riffé.

Sociétés savantes du Cher, par A. Buhot de Kersers.

Bulletin numismatique (n° 8), par A. Buhot de Kersers.

IXᵉ Volume (1880-81).

Rapport sur les travaux de la Société, par A. Buhot de Kersers et G. Vallois, secrétaire.

Découverte d'une œnochoé de bronze dans un tumulus, à Prunet, par A. des Méloizes.

Notes archéologiques sur les environs de Châteaumeillant (2ᵉ série), par E. Chénon.

Économie agricole d'un domaine féodal, par M. L. de Raynal.

Sculptures romaines découvertes à Bourges, par A. Buhot de Kersers.

Flans monétaires et lingot de bronze de l'époque romaine, par A. Abicot de Ragis.

Aventures d'André Iᵉʳ de Chauvigny représentées par une tapisserie du xvᵉ siècle, par G. Vallois.

Tapisserie du xvᵉ siècle, provenant du château de Mehun (entrevue de Charles VIII et d'Anne de Bretagne), par H. Ponroy.

Étude sur Léodégaire, archevêque de Bourges, par Th. de Brimont et A. de la Guère.

Collier à grelot du xvᵉ siècle, par A. de la Guère.

Mémoires d'Étienne Gassot de Priou, présentés par A. de la Guère.

Résidence des parlementaires à Bourges, par P. de Goy.

Bulletin numismatique (nº 9), par A. Buhot de Kersers.

Xᵉ Volume (1882).

Rapport sur les travaux de la Société, par G. Vallois, secrétaire.

Fouilles dans les tumulus de Prunet, rapport par A. des Méloizes.

Sépultures antiques du boulevard de l'Arsenal, à Bourges, par A. de la Guère, G. Vallois, P. de Goy, A. Buhot de Kersers.

Fouilles de la rue des Rats, par A. de la Guère.

Inscription votive découverte à Bourges, par A. de la Guère.

Notes archéologiques sur les environs de Châteaumeillant (3ᵉ série), par E. Chénon.

Ordonnance sur la police d'Issoudun en 1578, avec observations préliminaires de M. L. de Raynal.

Sancerre et le Château-Gordon, par M. L. de Raynal.

Épée en fer découverte à Vornay, par P. de Goy.

Bulletin numismatique (nº 10), par A. Buhot de Kersers.

LISTE DES MEMBRES

DE LA

SOCIÉTÉ DES ANTIQUAIRES DU CENTRE

EN EXERCICE

PAR ORDRE D'ADMISSION

Membres titulaires.

		date d'admission.
1	MM. Baucheron de Boissoudy (Alfred ...	23 janvier 1867.
2	Buhot de Kersers (Alphonse)........	—
3	Geoffrenet de Champdavid. ❋.....	—
4	Guillot père, ⊛..................	—
5	des Méloizes O. ❋..............	—
6	des Méloizes (Albert ✚..........	—
7	Rapin (Amédée...............	—
8	Rapin (Edmond) ❋.............	—
9	Sallé (Charles).................	—
10	Toubeau de Maisonneuve.........	—
11	Le Docteur Bercioux...........	7 février 1867.
12	Le marquis de Nicolaï (Aymard....	5 juin 1867.
13	de Laugardière (Charles)........	29 décembre 1868.
14	Le vicomte de la Guère (Alphonse	10 janvier 1869.
15	de Laugardière (Max)	2 juin 1869.
16	de Marcillac....	20 décembre 1871.
17	Jacquemet Louis	13 août 1873.
18	Girard Paul	2 février 1876.
19	d'Almont.............	5 avril 1876.

20	Jongleux (Henri).....	3 mai 1876.
21	Vallois (Georges), ✻.............	7 juin 1876.
22	Abicot de Ragis (Albert).....	14 février 1877.
23	Collard, O. ✻..................	—
24	Chénon (Émile).....	20 juin 1877.
25	Chonez, ✻.	—
26	Cartier de Saint-René............	7 novembre 1877.
27	Pigelet (Paul)..................	2 janvier 1878.
28	Le marquis de Vogué (Melchior), O. ✻..................	—
29	De Brimont (Thierry)............	6 mars 1878.
30	Des Gozis..........	4 mars 1879.
31	De Goy (Pierre)....	17 mars 1880.
32	Ponroy (Henri)................	5 mai 1880.
33	De Bengy de Puyvallée (Anatole) .	3 juin 1880.
34	Dubois (Pierre)................	12 janvier 1881.
35	Léonard Desfourneaux...........	—
36	Le comte de la Guère (Raymond)...	23 mars 1881.
37	Meunier (Camille), ✻...........	6 juillet 1881.
38	De Goy (Jules).................	4 janvier 1882.
39	De Verneuil (Gaston), (associé le 15 janvier 1868)......	—
40	De Brach (Raoul)...............	3 mai 1882.
41	L'abbé Personnat...............	7 juin 1882.
42	Roger (Octave), ✻..............	—
43	Le docteur Jugand..............	23 janvier 1883.
44	Machart (Paul), associé le 3 août 1881...........	7 mars 1883.
45	Mater (Daniel).........	—
46	Le marquis de la Guère (Arthur)...	2 mai 1883.

Associés libres.

1 MM.	Roubet.....................	7 février 1867.
2	Pascaud (Edgard)........	10 février 1867.
3	Richard-Desaix (Ulric)...	6 mars 1867.
4	Cartault de la Verrière...........	29 mars 1867.

5	De Raynal, O. ✿...............	8 mai 1867.
6	De Bonnegens...........	5 juin 1867.
7	Monnier (Frédéric), O ✳.........	—
8	Le vicomte de Montreuil (Alfred)...	—
9	Le Normand du Coudray.........	7 août 1867.
10	Le Docteur Pinaud des Forêts.....	20 décembre 1867.
11	Des Méloizes, ✿...............	18 mars 1868.
12	Tenaille d'Estais, O. ✳..........	18 février 1869.
13	Leblanc de Lespinasse (René).....	—
14	Daiguson......................	1er décembre 1869.
15	Gangneron (Henri)..............	—
16	Moreau (René).................	—
17	L'abbé Voisin....	2 mars 1870.
18	De Cessac...	13 août 1873.
19	Manceron....	28 juillet 1875.
20	Doazan (Anatole)..............	3 mai 1876.
21	Heurtault de Saint-Christophe.....	—
22	L'abbé Duroisel...............	17 décembre 1879.
23	De Clerambault (titulaire du 10 février 1869)................. ...	5 janvier 1882.
24	Le Docteur Ricque (Émile), ✳....	2 mai 1883.

MEMBRES DÉCÉDÉS

DEPUIS LA FONDATION DE LA SOCIÉTÉ

1867-1883.

Année du décès

1867   Grillon des Chapelles ✻, ancien conseiller de Préfecture de l'Indre.

1868   Hiver de Beauvoir ✻, président de Chambre à la Cour d'appel de Bourges.

1868   Morot, président du Tribunal civil de Sancerre.

1869   Bourdaloue ✻, ingénieur, ancien adjoint au Maire de Bourges.

1870   Edmond Augier, propriétaire à Vallenay.

1870   Chazereau, maire d'Aubigny-sur-Nère.

1870   Du Liége ✻, conseiller à la Cour d'appel de Bourges.

1871   Corbin de Mangoux ✻, conseiller honoraire à la Cour d'appel de Bourges.

1872   L'abbé Lamblin ✻, ancien vicaire général du diocèse de Bourges.

1872   Le baron Henri Toirac, propriétaire à Bourges.

1874   Le comte Jaubert O. ✻, de l'Institut, ancien ministre.

1874   Lapeyre de Lamercerie, propriétaire à Bourges.

1875   E. Corbin, C. ✻, premier président de la Cour d'appel de Bourges.

1877   Le docteur Élie de Beaufort, à Saint-Benoît-du-Sault.

1877   Le comte E. de Montsaulnin, propriétaire.

1878   Ernest Aumerle, propriétaire, à Issoudun.

1879   Baucheton ✻, conseiller à la Cour d'appel de Bourges.

1879   De Clamecy ✻, conseiller à la cour d'appel de Bourges.

1879   Des Noyers ✻, ancien directeur de l'Enregistrement et des Domaines du Cher.

1879   Tourangin des Brissards, ancien juge d'instruction près le tribunal civil d'Issoudun.

1879   De Trémiolles, juge suppléant au Tribunal civil de Moulins.

1880   P. Blanchemain, avocat, homme de lettres, à Paris.

1880   Riffé ✻, ancien conseiller de Préfecture du Cher.

1881   Barré de Lépinière, ancien juge au Tribunal civil d'Issoudun.

1882   Le comte de Choulot, O. ✻, lieutenant-colonel commandant le 62e régiment territorial d'infanterie.

1882   De la Villegille ✻, ancien secrétaire du Comité des Travaux historiques et des Sociétés savantes.

1882   L'abbé Moulinet, chanoine de la Métropole, à Bourges.

1883   Supplisson, juge au Tribunal civil de Sancerre.

TABLE SOMMAIRE DE CE VOLUME

Rapport par G. Vallois, secrétaire v

Table générale des matières contenues dans les dix premiers volumes des Mémoires de la Société des Antiquaires du Centre 1

Liste des planches et dessins publiés par la Société des Antiquaires du Centre 118

Liste des travaux contenus dans les publications de la Société des Antiquaires du Centre 126

Liste des membres de la Société des Antiquaires du Centre en exercice, par ordre d'admission 133

Membres décédés depuis la fondation de la Société, 1867-1883 136

Bourges, typ. Pigelet et Fils et Tardy.

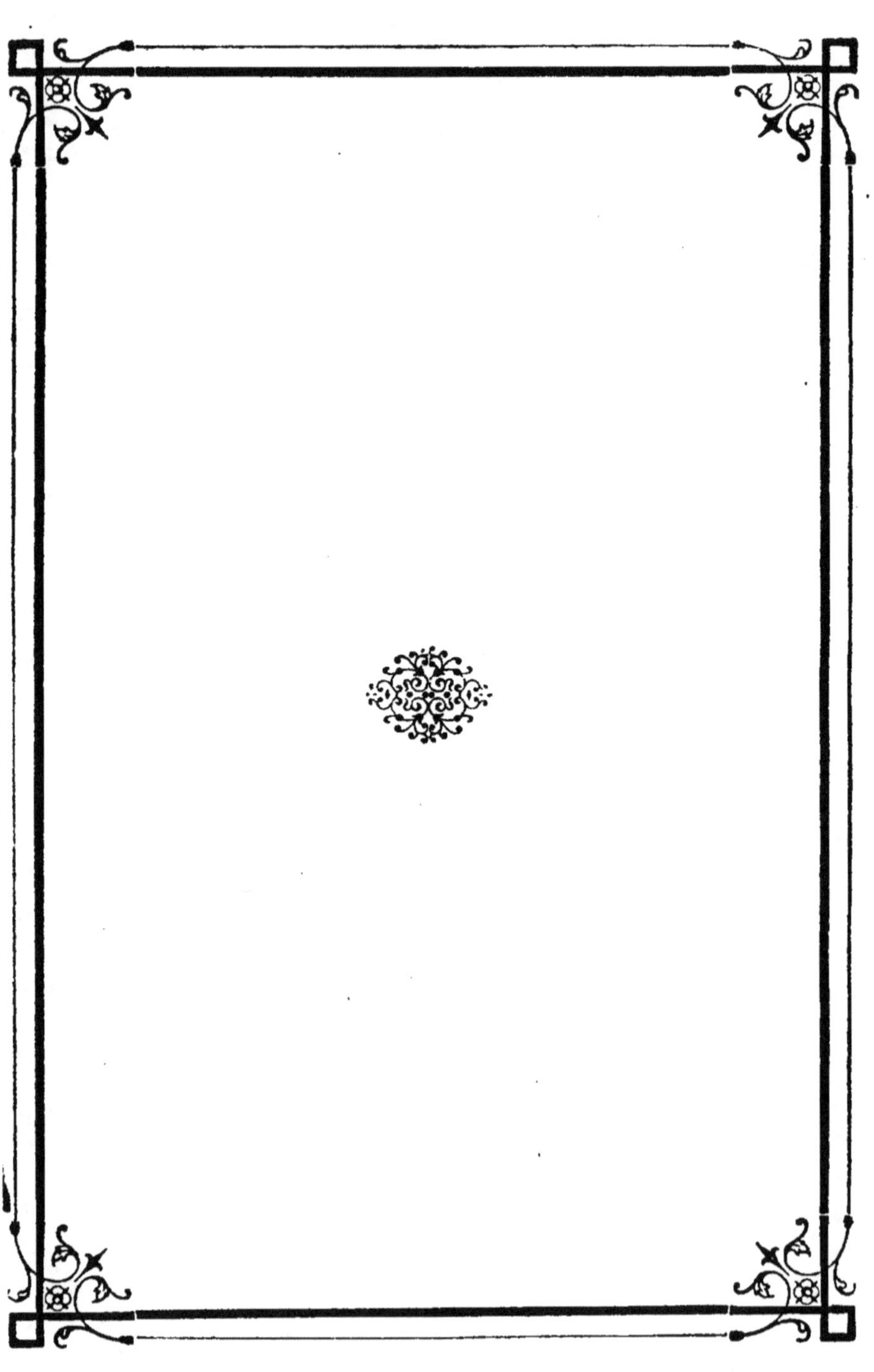

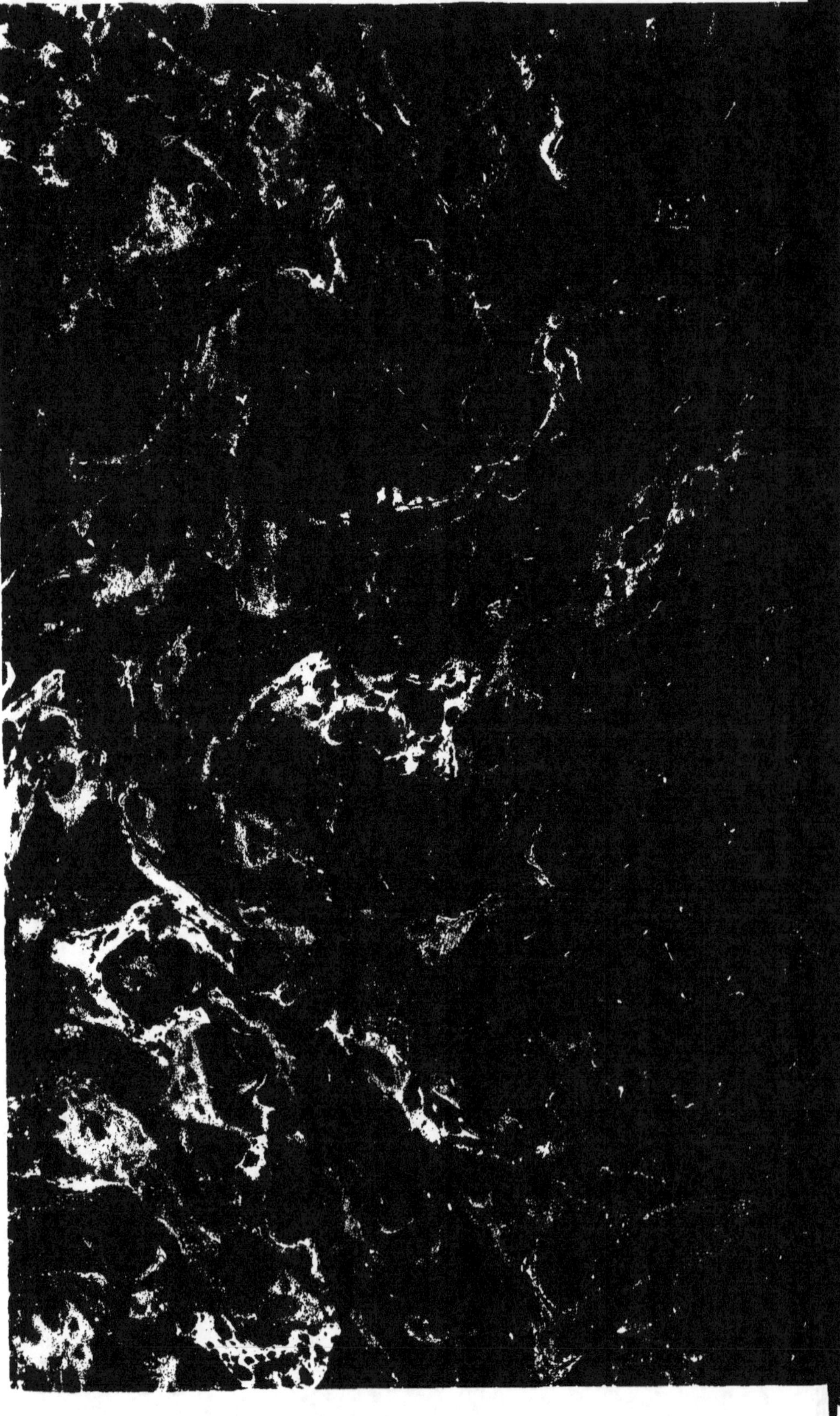

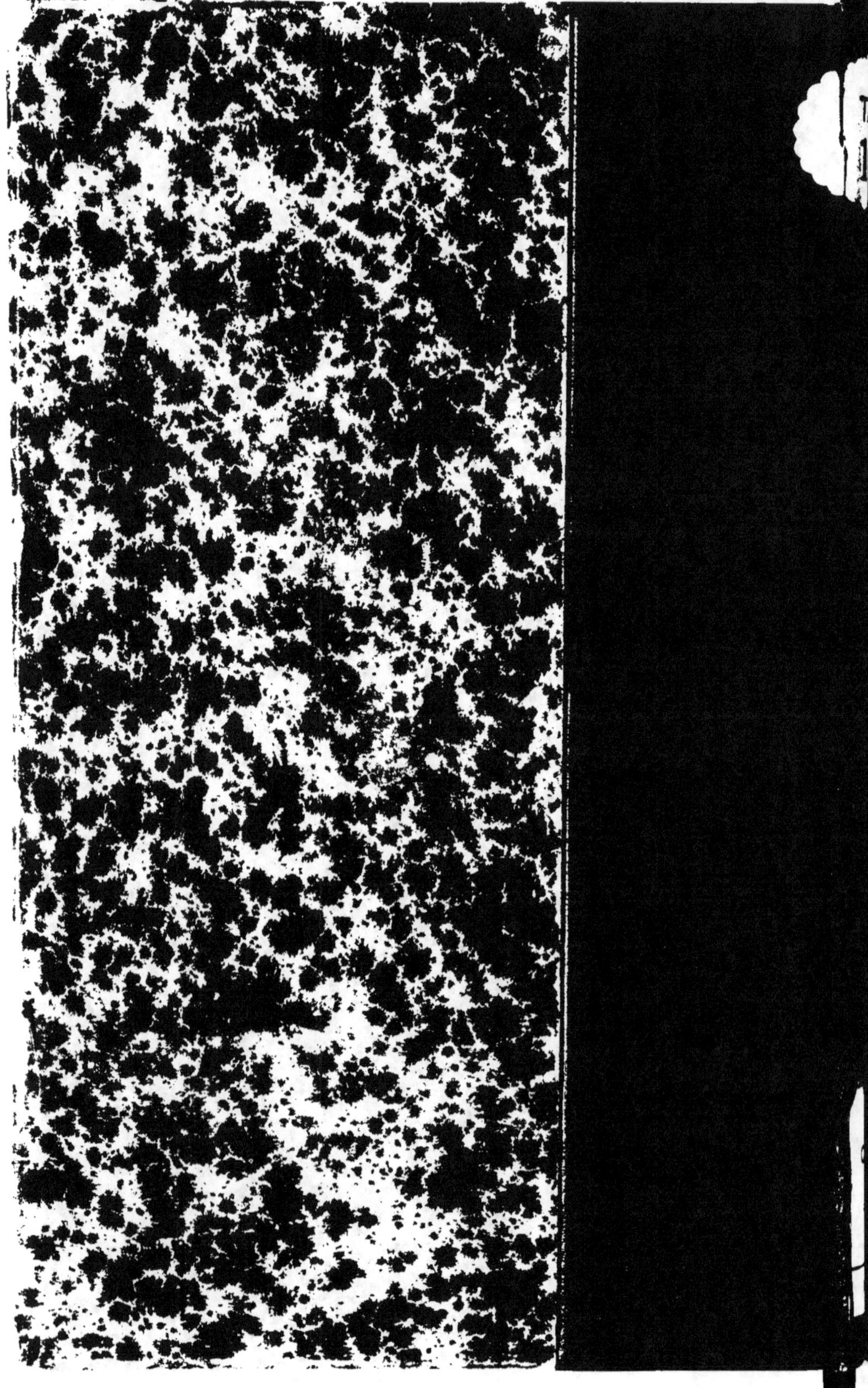